DAS NEUE BUCH DER DESSERTS

Herausgegeben von der Zeitschrift
essen & trinken

INHALT

DESSERTS FÜR DEN GENIESSER

Hier ist es also: Das Buch für den Liebhaber sündhaft-süßer Desserts. Da kann man schwelgen im Rausch schneller und raffinierter, warmer und kalter, feiner und rustikaler Desserts. Hier entfaltet sich das ganze Spektrum phantasievoller Nachspeisen: kräftige Aufläufe und luftig-leichte Soufflés, kalorienschwere Puddings und Flans, feine Reis- und Grießdesserts, deftige Knödel und leckere Klöße, delikate Pfannkuchen- und Crêpe-Variationen, erfrischende Quark-, Joghurt- und Frischkäsespeisen, himmlische Früchtekompositionen, fruchtige Suppen und Kaltschalen, zarte Cremes und cremige Mousses und köstlich-kühle Eisbomben. Und weil es so schwerfällt, auf die süßen Verführer zu verzichten, und damit das Leckermaul ohne Reue genießen kann, bietet dieses Buch neben der Zubereitung der Desserts mit Zucker eine Alternativ-Verwendung mit flüssigem Süßstoff an. Sie können in vielen Rezepten den Zucker ganz oder teilweise durch Süßstoff ersetzen – 100 Gramm Zucker weniger bedeuten beispielsweise ein Minus von 400 Kalorien – und können somit einiges an Kalorien einsparen. Auf diese Weise kann man sich von sündhaft-süßen Desserts mit weniger Kalorien verführen lassen.

AUFLÄUFE UND SOUFFLÉS

Aufläufe sind typische Winterdesserts: Sie sind heiß und meist deftig und passen zu einem rustikalen Menü. Man kann sie gut vorbereiten, schiebt sie erst in den Ofen, wenn man Vorspeise oder Hauptgericht serviert und bringt sie praktischerweise gleich in der Backform auf den Tisch. Den Auflauf gibt es mal pur, mal mit Sauce oder Sahne.
Wenn Aufläufe ganz besonders fein sind - und mit vielen Eiern zubereitet - heißen sie Soufflés. Dann serviert man sie nach einem edlen Essen, und meist fürchtet sich die Hausfrau ziemlich vor ihrer Zubereitung. Denn Soufflés sind so locker und empfindlich, daß sie leicht zusammenfallen. Sie müssen vom Ofen ohne Umweg auf den Tisch gebracht und sofort gegessen werden. Außerdem empfiehlt es sich, das Eiweiß besonders schaumig zu schlagen, denn es bildet das Gerüst für dies ungemein feine Dessert. Aber wenn Sie sich an unsere Rezepte halten, kann nichts schiefgehen!

Quarkauflauf mit Pfirsichen

Für 4 Portionen:
100 g Butter oder Margarine
125 Zucker oder 5 ml natreen-SÜSSE flüssig und 1 EL Semmelmehl
1 Pkt. Vanillinzucker
3 Eier (getrennt)
abgeriebene Schale einer Zitrone (unbehandelt)
500 g Magerquark
75 g Grieß
5 EL Milch
Fett für die Form
1 Dose Pfirsiche (ca. 500 g Abtropfgewicht)

75 g Butter oder Margarine, 75 g Zucker oder 5 ml natreen, Vanillinzucker und Eigelb mit den Quirlen des Handrührers schaumig rühren, dann Zitronenschale, Magerquark, Grieß und Milch zugeben und gut verrühren. Eiweiß steif schlagen und unterheben. Eine Auflaufform ausfetten und die Hälfte der Masse hineinfüllen. Die Früchte abtropfen lassen und darauf verteilen. Restliche Quarkmasse darüberstreichen. Die restliche Butter oder Margarine in Flöckchen darübergeben, den restlichen Zucker oder 1 EL Semmelmehl darüberstreuen. Im vorgeheizten Backofen bei 200 Grad (Gas 3) 40 Minuten goldbraun backen.

Vorbereitungszeit: 20 Minuten
Garzeit: 40 Minuten
Umluft: etwa 50 Minuten bei 175 Grad
Pro Portion etwa 26 g Eiweiß, 27 g Fett, 64 g Kohlenhydrate = 2620 Joule (626 Kalorien)
Kalorienersparnis durch natreen pro Portion: 481 Joule (115 Kalorien)

essen & trinken

Cremes · Mousses · Eis · Crêpes · Puddings · Soufflés · Gelees

DAS NEUE BUCH DER DESSERTS

Knödel · Parfaits · Flammeris · Früchte · Grützen · Sorbets

NAUMANN & GÖBEL

Sonderausgabe 1989
für Naumann & Göbel Verlagsgesellschaft, Köln

Redaktion: Gabriele Götzer
Layout: Jürgen Pengel
Grafik: Gabriele Bernhart, Ricarda Fassio
Fotos: essen & trinken
Rezeptentwicklung: Versuchsküche essen & trinken
Gesamtherstellung: Mainpresse Richterdruck Würzburg
Printed in Germany
ISBN 3-625-10912-3

Zwetschgen-Auflauf

Für 4-6 Portionen:
1 kg Zwetschgen
30 g Butterkekse
3 Pkt. Vanillinzucker
Fett für die Auflaufform
70 g Butter oder Margarine
70 g Zucker oder
5 ml natreen-SÜSSE flüssig
4 Eier (getrennt)
100 g Haselnußkerne
50 g Mehl
2 EL Amaretto (Mandellikör)

Die Zwetschgen waschen, halbieren und entsteinen. Butterkekse mit dem Schneidstab des Handrührers zerkleinern. Zusammen mit 2 Päckchen Vanillinzucker unter die Zwetschgen mischen. Eine Auflaufform (24 cm ⌀) ausfetten und alles hineinfüllen.
Butter oder Margarine mit Zucker oder natreen und dem restlichen Päckchen Vanillinzucker schaumig rühren. Dann Eigelb zugeben und rühren, bis sich der Zucker gelöst hat. 75 g Haselnußkerne mahlen und zusammen mit Mehl und Amaretto unterrühren. Eiweiß zu steifem Schnee schlagen, zuerst ungefähr ein Drittel unterrühren, die letzten zwei Drittel vorsichtig unterheben. In die Auflaufform geben. Die restlichen Haselnußkerne hacken und über den Auflauf streuen. In den vorgeheizten Backofen auf der 2. Einschubleiste von unten bei 175 Grad (Gas 2) 60 Min. backen. Dazu paßt Vanillesauce.

Vorbereitungszeit: ca. 35 Minuten
Garzeit: ca. 60 Minuten
Umluft: 50-60 Minuten bei 150 Grad
Pro Portion etwa 14 g Eiweiß, 40 g Fett, 79 g Kohlenhydrate = 3139 Joule (750 Kalorien)
Kaloriensparnis durch natreen pro Portion (bei 4 Portionen): 293 Joule (70 Kalorien)

Vanillesauce

Für 4-6 Portionen:
1/2 Vanilleschote
1/4 l Milch
1/2 Pkt. Vanillinzucker
1 Prise Salz
1 EL Zucker oder
1 ml natreen-SÜSSE flüssig
2 Eigelb (Gew.-Kl. 2)
1/16 l Schlagsahne
1 Tl Vanillepuddingpulver

Die Vanilleschote längs aufschneiden und das Mark herauskratzen. Milch mit Schote und Mark, Vanillinzucker, Salz und Zucker oder natreen langsam zum Kochen bringen. Die Schote herausnehmen.
Eigelb mit Sahne und Puddingpulver verquirlen. Unter Rühren in die Milch gießen und so lange erhitzen, bis das Ei bindet, dann sofort vom Herd nehmen. Den Topf in eine Schüssel mit kaltem Wasser stellen. Die Masse kalt werden lassen, dabei ab und zu umrühren. Zum Zwetschgen-Auflauf servieren.

Vorbereitungszeit: 5 Minuten
Garzeit: 10 Minuten
Pro Portion etwa 2 g Eiweiß, 6 g Fett, 3 g Kohlenhydrate = 365 Joule (87 Kalorien)
Kaloriensparnis durch natreen pro Portion (bei 4 Portionen): 84 Joule (20 Kalorien)

Vanille-Mokka-Soufflé

Für 6-8 Portionen:
1 Vanilleschote
250 ccm Milch
100 g Zucker oder
5 ml natreen-SÜSSE flüssig und
30 g Zucker oder Semmelmehl
für die Form
10 g Pulverkaffee
2 EL Cognac, 5 Eier (Gew.-Kl. 4)
70 g Butter
70 g Mehl, 1 Eiweiß

Vanilleschote längs aufschlitzen, das Mark herauskratzen. Vanillemark und die Vanilleschote mit der Milch, 70 g Zukker oder 5 ml natreen und einer Prise Salz aufkochen lassen, durch ein Sieb geben und beiseite stellen. Form (1 ½ l Inhalt) am Boden mit Butter auspinseln und mit Zucker oder Semmelmehl ausstreuen. Kaffee mit Cognac verrühren. Eier trennen. Die Butter erhitzen. Mehl und dann nach und nach die Milch mit dem Schneebesen unterrühren. So lange rühren, bis sich ein glatter Kloß vom Topfrand löst. Vom Herd nehmen und nach und nach das Eigelb unterrühren. Die 6 Eiweiß mit dem restlichen Zucker zu einem kompakten, aber noch elastischen Schnee schlagen. Ein Viertel des Eischnees mit dem Schneebesen unter die Masse rühren. Den Rest mit einem Spatel vorsichtig unterheben. Soufflémasse halbieren und unter die Hälfte das Kaffee-Cognac-Gemisch heben. Helle und dunkle Soufflémasse abwechselnd in die vorbereitete Form schichten und im vorgeheizten Backofen bei 175 Grad (Gas 2) auf der mittleren Einschubleiste 45 Minuten backen.

Vorbereitungszeit: ca. 30 Minuten
Backzeit: 45 Minuten
Umluft: 45 Minuten bei 150 Grad
Pro Portion (bei 8 Portionen) etwa 7 g Eiweiß, 15 g Fett, 28 g Kohlenhydrate = 1221 Joule (292 Kalorien)
Kalorienersparnis durch natreen pro Portion (bei 8 Portionen): 146 Joule (35 Kalorien)

Unser Tip: Soufflés müssen immer heiß, d. h. direkt aus dem Ofen, serviert werden, denn der lockere Eierschaum ist empfindlich gegen Luftzug und kann sofort zusammenfallen. Aus dem gleichen Grund darf man die Backofentür erst kurz vor Beendigung der Backzeit öffnen, um den Garzustand zu prüfen. Den Ofen immer nur auf 175 Grad (Gas 2) vorheizen. Niemals höher, sonst wird das Soufflé außen zu schnell braun, während es innen noch nicht gar ist!! Das Soufflé sofort nach dem Mischen einschieben. Je nach Größe der Form 35-50 Min. bakken. Sie brauchen unbedingt ofenfeste Auflaufformen mit geradem Rand, die leicht gefettet und mit feinen Semmelbröseln ausgestreut werden. Wenn Sie nur den Boden und den unteren Teil der Form fetten, geht das Soufflé besonders schön auf. Zusätzlich können Sie das Soufflé vor dem Backen noch mit einem Messer kreisförmig einritzen, dann kommt es knusprig-braun aus dem Ofen.

Apfel-Quark-Auflauf mit Brombeersauce

Für 4-6 Portionen:
Sauce:
750 g Brombeeren (ersw. TK)
1 Orange (unbehandelt)
100 g Puderzucker, 1/8 l Rotwein
Auflauf:
100 g Walnußkerne
100 g Sultaninen, 5 El Rum
750 g Äpfel
Fett und Zucker für die Form
4 Eier (Gew.-Kl. 2)
1 Zitrone (unbehandelt)
100 g Butter, 500 g Magerquark
Salz, 1 Pkt. Vanillepuddingpulver
80 g Zucker, 40 g Mandelblättchen

Die Brombeeren verlesen, waschen, abtropfen lassen. (TK-Brombeeren unaufgetaut verwenden.) Die Orangenschale dünn abreiben. Den Puderzucker im Topf schmelzen lassen. Wenn der Zucker flüssig ist, sofort 250 g Brombeeren zugeben, durchrühren und einmal aufkochen, durch ein Sieb streichen, Orangenschale (etwas zum Garnieren beiseite legen) und Rotwein zugeben, 4 bis 5 Minuten einkochen. Die restlichen Brombeeren in die Sauce geben und auskühlen lassen. Die Walnußkerne mahlen. Die Sultaninen im leicht erwärmten Rum einweichen. Die Äpfel schälen, halbieren, mit einem Eßlöffel leicht aushöhlen, dabei das Kerngehäuse entfernen. Die eingeweichten Sultaninen mit dem Rum pürieren und mit den gemahlenen Nüssen mischen. In die Äpfel füllen. Eine Auflaufform mit weichem Fett ausstreichen, mit Zucker ausstreuen. Die Äpfel mit der Füllung nach unten in die Form setzen. Die Eier trennen. Die Zitrone dünn abreiben und auspressen. Weiche Butter, Eigelb, Zitronensaft und -schale, Quark, Salz und Puddingpulver mit dem Schneebesen verrühren. Eiweiß mit Zucker steif schlagen, unter die Quarkmasse heben. Die Masse gleichmäßig auf die Äpfel streichen, mit Mandelblättchen bestreuen. Den

Auflauf auf der untersten Einschubleiste bei 200 Grad (Gas 3) 35 bis 40 Minuten garen. In den letzten 10 Minuten mit Alufolie abdecken. Die restliche Orangenschale auf die Brombeersauce streuen, zum Auflauf reichen.

Vorbereitungszeit: 1 Stunde, 10 Minuten
Garzeit: 35 bis 40 Minuten
Umluft: 40-45 Minuten bei 200 Grad
Pro Portion (bei 6 Portionen) etwa 23 g Eiweiß, 34 g Fett, 79 g Kohlenhydrate = 3306 Joule (790 Kalorien)

Erdbeerauflauf

Für 6 Portionen:
750 g Erdbeeren
1 Vanilleschote
100 g Puderzucker oder
7 ml natreen-SÜSSE flüssig
4 EL Zitronensaft
etwas abgeriebene Zitronenschale
(von einer unbehandelten Frucht)
200 ccm Weißwein
10 g Butter für die Form
10 g Zucker oder Semmelmehl
für die Form
40 g Butter, 40 g Mehl
2 Eier (getrennt)
50 g gehackte Mandeln
1 Pkt. Vanillinzucker
6 EL Rum zum Flambieren

Erdbeeren waschen und abzupfen, je nach Größe eventuell halbieren. Die Vanilleschote der Länge nach aufschneiden, das Mark herauskratzen und zusammen mit dem Puderzucker oder natreen zu den Erdbeeren geben. Zitronensaft, Zitronenschale und Wein dazugeben, alles gut vermischen und möglichst über Nacht, mindestens aber 3 Stunden, zugedeckt im Kühlschrank durchziehen lassen.

Die durchgezogenen Erdbeeren in einem Sieb sehr gut abtropfen lassen, den Saft auffangen. Eine große feuerfeste Form mit Butter ausstreichen und mit Zucker oder Semmelmehl ausstreuen. Die Erdbeeren dicht an dicht hineinlegen (aber höchstens zwei Lagen übereinanderlegen.) Butter in einem Töpfchen zerlassen, das Mehl dazugeben, verrühren und gut durchschwitzen (aber nicht bräunen), mit $^1/_2$ l Wein-Erdbeersaft ablöschen und kräftig aufkochen lassen. Den Topf vom Herd nehmen und das Eigelb unterrühren. Das Eiweiß sehr steif schlagen und ebenfalls unter die Creme heben. Die Creme über die Erdbeeren gießen, die Mandeln darüberstreuen. Im vorgeheizten Ofen bei 250 Grad (Gas 5-6) 8-10 Minuten überbacken. Die Form so hoch wie möglich in den Ofen schieben. Die überbackene Creme mit Vanillinzucker bestreuen.

Den Rum erwärmen, in einer Kelle bei Tisch anzünden und brennend über die Nachspeise gießen.

Vorbereitungszeit: ca. 20 Minuten
Garzeit: 8-10 Minuten
Umluft: 10-12 Minuten bei 225 Grad
Pro Portion etwa 6 g Eiweiß, 14 g Fett,
36 g Kohlenhydrate = 1578 Joule (377 Kalorien)
Kalorienersparnis durch natreen pro Portion:
283 Joule (67 Kalorien)

Unser Tip: In einer flachen Form gelingt jeder Auflauf besser als in einer hohen. In der flachen Form verdampft mehr Flüssigkeit, der Auflauf stockt besser und seine appetitliche Kruste wird dadurch größer. Eine alte Regel besagt, daß man Aufläufe immer auf der mittleren Einschubleiste in den Backofen schiebt. Ganz falsch ist diese Regel nicht, aber man sollte sie trotzdem nicht zu stur befolgen. Wir haben in unserer Versuchsküche festgestellt, daß es meistens besser ist, den Auflauf zunächst auf der zweiten Einschubleiste von unten in den Ofen zu schieben (die Flüssigkeit stockt dann besser) und den Auflauf erst zum Bräunen der Kruste im Ofen weiter nach oben zu setzen.

Mandelsoufflé

Für 4-6 Portionen:
150 g Mandeln
Butter oder Margarine für die Form
30 g Butter oder Margarine
50 g Marzipanrohmasse
1/8 l Milch
1 Prise Salz
1 Tl abgeriebene Zitronenschale (unbehandelt)
3 Eier (Gew.-Kl. 2)
40 g Zucker
wenig Puderzucker

Die Mandeln brühen, abschrecken, häuten und in einer trockenen Pfanne goldbraun rösten, dann auskühlen lassen. Inzwischen eine Souffléform (Auflaufform mit geraden Wänden von 3/4 l Fassungsvermögen) nur am Boden fetten. Die Mandeln duch die Mandelmühle drehen, 1 El davon in die Form streuen.
Den Backofen auf 200 Grad (Gas 3) vorheizen. Butter oder Margarine und die zerpflückte Marzipanrohmasse mit 3 El Milch erhitzen und mit dem Schneebesen glattrühren. Dann die restliche Milch, Mandeln, Salz und Zitronenschale dazugeben und unter Rühren kräftig aufkochen lassen. Die Eier trennen, die Mandelmasse vom Herd nehmen, Eigelb unterrühren. Das Eiweiß mit dem Zucker zu steifem Schnee schlagen und mit dem Schneebesen unter die Mandelmasse ziehen. In die Form füllen. Die Form auf die Saftpfanne stellen und 3 bis 4 cm hoch heißes Wasser in die Pfanne gießen. Das Soufflé auf der zweiten Einschubleiste von unten 30 bis 35 Minuten garen. Das Soufflé sofort (bevor es zusammenfällt!) mit Puderzucker bestäuben und in der Form servieren. Dazu gibt es eiskaltes Erdbeerpüree.

Vorbereitungszeit: ca. 35 Minuten
Garzeit: 30-35 Minuten
Umluft: 40-45 Minuten bei 175 Grad
Pro Portion (bei 6 Portionen) etwa 14 g Eiweiß, 36 g Fett, 23 g Kohlenhydrate = 2039 Joule (487 Kalorien)

Erdbeerpüree

Für 4-6 Portionen:
500 g ganz reife Erdbeeren
80 g Zucker oder
5 ml natreen-SÜSSE flüssig
3 El Orangenlikör

Erdbeeren waschen, Stielansätze abzupfen. 300 g davon zusammen mit dem Zucker oder natreen mit dem Schneidstab des Handrührers pürieren. Die restlichen Erdbeeren in Würfel schneiden und zusammen mit dem Likör unter das Püree rühren. Abgedeckt mindestens 3 Stunden kalt stellen. Zum Mandelsoufflé servieren.

Zubereitungszeit: ca. 15 Minuten
Pro Portion (bei 6 Portionen) etwa 1 g Eiweiß, 0 g Fett, 35 g Kohlenhydrate = 779 Joule (186 Kalorien)
Kalorienersparnis durch natreen pro Portion (bei 6 Portionen): 226 Joule (53 Kalorien)

Zwetschgen-Birnen-Auflauf

Für 4-6 Portionen:
3 weiche, reife Birnen (500 g)
2 El Zitronensaft
100 g Haselnußkerne
50 g Semmelbrösel
50 g brauner Zucker
1 kg Zwetschgen
4 Eier, 60 g weiche Butter
50 g Zucker, ¼ l Schlagsahne
100 g Mehl
1 Prise Salz

Die Birnen schälen und längs halbieren, die Kerngehäuse vorsichtig herausschneiden, die Früchte mit Zitronensaft beträufeln. Die Birnenhälften mit der Schnittfläche nach unten auf den Boden einer runden flachen Auflaufform legen. Die Haselnußkerne hacken. Die Semmelbrösel mit der Hälfte der Nüsse und dem braunen Zucker mischen, ein Drittel davon über die Birnen streuen.
Die Zwetschgen waschen und entsteinen, 5 Minuten in einer großen Pfanne durchdünsten, dann auf die Birnen geben und dick mit der restlichen Bröselmischung bestreuen.
Für den Teig die Eier trennen. 40 g Butter mit dem Eigelb schaumig rühren. Den Zucker in einem schweren Topf oder einer Pfanne goldgelb karamelisieren lassen, die restliche Butter unter Rühren darin schmelzen, dann vorsichtig die Sahne zugießen, gut verrühren und unter Rühren kochen, bis der Karamel wieder ganz flüssig ist. Karamel nach und nach unter die Butter-Eigelb-Mischung schlagen, dann das Mehl unterrühren, ebenso die restlichen gehackten Nüsse. Teig erkalten lassen. Das Eiweiß mit einer Prise Salz sehr steif schlagen. Ein Drittel davon unter den Karamelteig rühren, den Rest vorsichtig unterheben. Teig auf die Früchte geben. Auflauf im vorgeheizten Ofen bei 175 Grad (Gas 2) auf der zweiten Einschubleiste von unten 30-35 Minuten backen. Eventuell in den letzten 5 Minuten mit dünn gebutterter Alufolie abdecken.

Vorbereitungszeit: 50 Minuten
Garzeit: 30-35 Minuten
Umluft: 40-45 Minuten bei 150 Grad
Pro Portion (bei 6 Portionen) etwa 11 g Eiweiß, 36 g Fett, 70 g Kohlenhydrate = 2750 Joule (657 Kalorien)

●●●●●●●●●●●●●●●●●●●●●●●●●●●

Unser Tip: Ein Soufflé kann man nicht im voraus zubereiten. Wer seinen Gästen zum Dessert ein Soufflé servieren will, der muß zwischendurch in die Küche, am besten vor dem Hauptgang. Niemandem wird Ihre Abwesenheit unangenehm auffallen, wenn Sie

- eine sehr reichhaltige Vorspeise servieren;
- ein Hauptgericht aussuchen, das überhaupt keine Arbeit in letzter Minute erfordert;
- alle Soufflé-Zutaten abgewogen hinstellen, ebenso alle nötigen Arbeitsgeräte, und alle erforderlichen Vorarbeiten erledigen, bevor die Gäste kommen.

●●●●●●●●●●●●●●●●●●●●●●●●●●●

Polenta mit Mandelkruste

Für 4-6 Portionen:
Salz
5 El Honig
250 g Kukuruz
(grober Maisgrieß)
60 g Butter
100 g Mandelblättchen
750 g Pflaumen
1 Tl Zimtpulver
4 El trockener Sherry

1 l Wasser mit ½ Tl Salz und 1 El Honig aufkochen, den Maisgrieß unter Rühren einrieseln lassen. Bei milder Hitze 5 Minuten unter Rühren kochen.
Ein Sieb über den Topf legen (Spritzgefahr) und die Polenta 15 Minuten ausquellen lassen. Ab und zu umrühren.
Eine flache Auflaufform dünn ausbuttern, die Polentamasse einfüllen und glattstreichen. Mit dem Holzlöffel Vertiefungen in die Oberfläche drücken.
Die Mandelblättchen in der restlichen Butter mit 2 El Honig kurz andünsten und auf der Polenta-Oberfläche verteilen. Bei 200 Grad (Gas 3) auf mittlerer Einschubleiste 20-25 Minuten goldbraun backen.
In der Zwischenzeit die Pflaumen waschen und entsteinen. Mit dem restlichen Honig, Zimt und Sherry verrühren und Saft ziehen lassen. Kalt zum heißen Polenta-Auflauf servieren. Eventuell Schlagsahne dazu reichen.

Vorbereitungszeit: ca. 40 Minuten insgesamt
Garzeit: 20-25 Minuten
Umluft: 25-30 Minuten bei 175 Grad
Pro Portion (bei 6 Portionen) etwa 12 g Eiweiß, 29 g Fett, 100 g Kohlenhydrate = 3081 Joule (736 Kalorien)

PUDDINGS UND FLANS

Der Pudding wurde in England erfunden: Im Mittelalter knotete man Teig in eine Serviette und garte ihn an einem Holzlöffelstiel in einem Topf mit kochendem Wasser. Die Puddingform gab es nämlich noch nicht, die erste wurde gegen Ende des 14. Jahrhunderts angefertigt. Aber der Pudding selbst wurde schon 1305 in einer englischen Chronik erwähnt. Mitte des 15. Jahrhunderts wurde dann der berühmteste seiner Gattung zubereitet: der Plumpudding. Gegen Ende des 18. Jahrhunderts findet man in einem Londoner Kochbuch schon 41 Puddingrezepte, denn Pudding wurde immer beliebter. Heinrich VIII. verbot übrigens, Anna Boleyn einen Pudding als Henkersmahlzeit zu servieren. Zu Beginn ihrer kulinarischen Tradition waren die Puddings noch sehr schwer und wurden deshalb meist mit Wein- oder Brandysauce serviert. Sie wurden auch noch nicht als Dessert, sondern zuerst als Hauptgericht und dann als warmer Gang vor dem eigentlichen Dessert gereicht.

In der viktorianischen Zeit wurden die Puddings dann leichter und schaumiger. Und heute gibt es beide Varianten: die leichte, z.B. aus Quark, und die schwere, z.B. aus Schokolade. Nur eines haben sie gemeinsam: Sie werden in einer geschlossenen Form im Wasserbad gegart.

Nostalgisches Dessert: Malagapudding mit Apfelmus und Biskuitwürfeln. Dazu gibt es Weinschaumsauce.
Rezept nächste Seite

Malagapudding

Zum Foto auf Seite 27

Für 6 Portionen:
155 g Butter oder Margarine
30 g Zucker oder 2 EL Semmelmehl
100 g Biskuitboden (fertig gekauft)
$^1/_8$ l Malaga, 125 g Puderzucker oder
80 g Puderzucker und 4 ml natreen-SÜSSE flüssig
7 Eigelb, 4 Eiweiß
100 g Apfelmus (nicht zu flüssig)
1 Tl abgeriebene Schale einer unbehandelten Zitrone

Form und Deckel mit 30 g Fett ausstreichen, mit Zucker oder Semmelmehl ausstreuen, kalt stellen. Backofen auf 175 Grad (Gas 2) vorheizen, einen Topf (ohne Kunststoffgriffe) mit heißem Wasser hineinstellen. Biskuit in Würfel schneiden, mit Malaga beträufeln. 125 g Fett mit 80 g Puderzucker oder natreen schaumig rühren. Eigelb nach und nach dazugeben. Alle Eiweiß mit 45 g Puderzucker oder 4 ml natreen steif schlagen, mit Apfelmus und Zitronenschale unter die Eigelbmasse geben. Biskuit und Eimasse abwechselnd in die Form schichten, zum Schluß Eimasse hineingeben. Form verschließen, in den Ofen ins Wasserbad stellen. Pudding 55 bis 60 Minuten garen. Pudding in der Form auf eine Platte stürzen, mit einem feuchten Tuch bedeckt 6 bis 8 Minuten ruhen lassen. Form abnehmen, Pudding mit einer Sauce, z. B. Weinschaumsauce servieren.

Vorbereitungszeit: 45-50 Minuten
Garzeit: 55-60 Minuten
Umluft: 55 Minuten bei 155 Grad
Pro Portion 6 g Eiweiß, 29 g Fett,
53 g Kohlenhydrate = 2337 Joule (551 Kalorien)
Kalorienersparnis durch natreen pro Portion:
128 Joule (30 Kalorien)

Schokoladenpudding

Zum Foto rechts

Für 6-8 Portionen:
Fett und Zucker oder Semmelmehl für die Form
120 g Kuvertüre (halbbitter)
100 g Haselnußkerne (gemahlen)
50 g Löffelbiskuits, 30 g Mehl
20 g Kakaopulver, 5 Eier (Gew.-Kl. 2)
100 g Butter oder Margarine
1 Tl dünn abgeriebene Schale einer unbehandelten Zitrone
80 g Zucker oder
5 ml natreen-SÜSSE flüssig, Salz

Form und Deckel ausfetten, mit Zucker oder Semmelmehl ausstreuen, kalt stellen. Fein gehackte Kuvertüre, Haselnußkerne, zerdrückte Biskuits, Mehl und Kakaopulver vermengen. Eier trennen. Eigelb, Fett, Zitronenschale, 40 g Zucker oder 3 ml natreen und Salz schaumig rühren. Eiweiß mit 40 g Zucker oder 2 ml natreen und einer Prise Salz steif schlagen. Nußmischung unter die Eigelbmasse heben, Eischnee unterheben. Masse in die Form füllen, Form verschließen. In einem Kochtopf so viel Wasser zum Kochen bringen, daß die Form zu Zweidritteln im Wasser stehen kann. Backofen auf 200 Grad (Gas 3) vorheizen. Form in das kochende Wasser stellen. Topf zugedeckt auf den Boden des Backofens stellen. Pudding 40 bis 50 Minuten garen. Aus dem Waserbad nehmen, 10 Minuten ruhen lassen. Auf eine Servierplatte stürzen. Mit Vanillesauce servieren.

Vorbereitungszeit: 30 Minuten
Garzeit: 40-50 Minuten
Umluft: 50-55 Minuten bei 200 Grad
Pro Portion (bei 8 Portionen) etwa 11 g Eiweiß, 51 g Fett, 38 g Kohlenhydrate = 3103 Joule (741 Kalorien)
Kalorienersparnis durch natreen pro Portion (bei 8 Portionen): 170 Joule (40 Kalorien)

Quarkpudding mit Aprikosensauce

Für 6 Portionen:
Pudding:
500 g Magerquark
110 g Butter oder Margarine (Zimmertemperatur)
20 g Zucker oder 2 El Semmelmehl
5 Eier (Gew.-Kl. 2), 1 Prise Salz
1 Tl abgeriebene Zitronenschale (unbehandelt)
75 g Puderzucker oder
5 ml natreen-SÜSSE flüssig
25 g Semmelbrösel, 30 g Korinthen
Sauce:
1 Dose Aprikosenhälften (480 g EW)
5 El Aprikosenlikör

Den Quark über Nacht in einem mit Mull ausgelegten Sieb abtropfen lassen. Eine Puddingform mit Rohr sorgfältig mit 30 g weicher Butter oder Margarine ausfetten, auch den Deckel von innen fetten. Beides mit dem Zucker oder Semmelmehl ausstreuen, die Form kalt stellen. Die Eier trennen. Restliche Butter oder Margarine mit Salz, Zitronenschale und 40 g Puderzucker oder 3 ml natreen schaumig rühren. Das Eigelb dabei nach und nach zugeben. Zum Schluß den Quark unterrühren.
Einen großen Topf (ohne Kunststoffgriffe) mit Wasser auf den Rost auf unterster Einschubleiste in den Backofen stellen, den Ofen auf 150 Grad (Gas 1) vorheizen. Die Eiweiß mit dem restlichen Puderzucker oder natreen zu steifem Schnee schlagen, zusammen mit den Semmelbröseln und Korinthen unter die Quarkmasse heben. Die Masse in die Form füllen, Form verschließen. Die Form in den Topf stellen, das Wasser soll bis zu zwei Drittel ihrer Höhe reichen. Den Pudding 50 Minuten im Wasserbad garen. Die Form herausnehmen, den Deckel abnehmen. Die Form auf eine Platte stürzen und mit einem kalten, nassen Tuch bedeckt 10 bis 12 Minuten stehen lassen, dann die Form abheben.
Für die Sauce die Aprikosenhälften in einem Sieb abtropfen lassen, 250 g davon mit dem Schneidstab des Handrührers pürieren, die restlichen in Spalten schneiden. Das Aprikosenpüree mit dem Likör verrühren, die Aprikosenspalten untermischen. Die Aprikosensauce zugedeckt kühl stellen. Zum Pudding servieren.

Vorbereitungszeit: 55 Minuten
Garzeit: 50 Minuten
Umluft: 50 Minuten bei 150 Grad
Pro Portion etwa 19 g Eiweiß, 20 g Fett, 39 g Kohlenhydrate = 2007 Joule (481 Kalorien)
Kalorienersparnis durch natreen pro Portion: 212 Joule (50 Kalorien)

Unser Tip: Wichtig ist, daß bei warmem Pudding die Form immer sehr sorgfältig mit weicher (nicht flüssiger!) Butter oder Margarine ausgefettet wird. Dabei auch den Deckel nicht vergessen, denn der Pudding steigt beim Garen. Nach dem Fetten und Ausstreuen mit Semmelbröseln oder Zucker stellt man Form und Deckel in den Kühlschrank, damit das Fett nicht unten in der Form zusammenläuft, sondern eine feste Schicht bildet, die sich beim Einfüllen der Puddingmasse nicht gleich auflöst.
Nach dem Garen muß der Pudding erst ein paar Minuten ruhen, bevor man ihn aus der Form nimmt. Er zerbricht dann nicht so leicht. Und nicht vergessen: Den warmen Pudding vor dem Stürzen mit einem langen spitzen Messer so weit wie möglich von der Form lösen.

Rheinischer Pudding

Für 6-8 Portionen:
20 g Mandelstifte
20 g Walnußkerne
15 g Orangeat
20 g getrocknete Feigen
25 g Rosinen, 2 cl brauner Rum
75 g weiche Butter
100 g Zucker oder
6 ml natreen-SÜSSE flüssig
je 1 Messerspitze
Kardamon, Zimt, Kakao
5 Eier (Gew.-Kl. 4)
30 g Mehl, 15 g Speisestärke
Butter und Mehl für die Form
geröstete Mandelblättchen
zum Bestreuen
Puderzucker zum
Bestäuben

Mandeln, Nüsse, Orangeat, Feigen und Rosinen sehr fein hacken, mit dem Rum begießen und zugedeckt beiseite stellen. Die Butter mit 50 g Zucker oder 4 ml natreen schaumig rühren, Kardamon, Zimt und Kakao dazugeben. Die Eier trennen, die Eigelb nach und nach unter die schaumige Masse rühren, dann mit der Frucht-Nuß-Mischung vermengen. Die Eiweiß mit dem restlichen Zucker oder natreen steif schlagen, auf die Mischung gleiten lassen, Mehl und Speisestärke darübersieben. Alles mit einem Spatel vorsichtig und sorgfältig unterheben. Eine Puddingform mit reichlich Butter ausstreichen und mit Mehl ausstreuen, den Teig einfüllen, Form mit dem Deckel verschließen. Puddingform im Wasserbad (in einem großen Topf im Backofen bei 200 Grad, Gas 3, oder auf dem Herd) 60 bis 70 Minuten garen. Die Form aus dem Wasser heben und 5 bis 10 Minuten stehenlassen. Dann öffnen, den

Fortsetzung Seite 34

Fortsetzung von Seite 32

Pudding ringsum mit einem spitzen Messer vom Rand lösen und stürzen. Mit den Mandelblättchen bestreuen und mit Puderzucker bestäuben. Dazu paßt z. B. Weinschaumsauce.

Vorbereitungszeit: ca. 30 Minuten
Garzeit: 60 bis 70 Minuten
Umluft: 60 Minuten bei 175 Grad
Pro Portion (bei 8 Portionen) etwa 8 g Eiweiß, 21 g Fett, 33 g Kohlenhydrate = 1576 Joule (376 Kalorien)
Kalorienersparnis durch natreen pro Portion (bei 8 Portionen): 209 Joule (50 Kalorien)

Nußpudding mit Aprikosensauce

Für 6 Portionen:
Pudding:
125 g Haselnußkerne
125 g Zwieback, 130 g Butter
100 g Zucker oder
7 ml natreen-SÜSSE flüssig
5 Eier
1 Zitrone (unbehandelt)
Salz, 1/8 l Schlagsahne
Zwiebackmehl
Sauce:
1 Dose Aprikosen (400 g)
2 El Aprikosengeist
(z. B. Barack Palinka)

Ofen auf 200 Grad (Gas 3) vorheizen. Die Haselnußkerne auf einem Backblech (mittlere Einschubleiste) 10 Minuten rösten. Auf ein Sieb geben und die Häute abreiben. Die Nüsse mahlen. Zwieback in ein Tuch einschlagen und mit der Kuchenrolle fein zerstoßen. 100 g Butter mit der Hälfte des Zuckers oder 5 ml natreen schaumig rühren. 2 ganze Eier und 3 Eigelb nach und nach dazugeben, dann die abgeriebene Schale einer Zitrone, eine Prise Salz und die Schlagsahne zugeben. Die Zwiebackbrösel und die gemahlenen Nüsse unter die Masse rühren. Das restliche Eiweiß aufschlagen, den restlichen Zucker oder 2 ml natreen dazugeben und unter die Nußmasse heben.
Eine Puddingform (18 cm ∅) mit restlicher weicher Butter gut ausfetten und mit Zwiebackmehl ausstreuen (auch den Deckel), die Masse einfüllen. Die Form verschließen. Den Backofen auf 200 Grad (Gas 3) vorheizen. 2 l Wasser in die Saftpfanne geben, die Form hineinstellen und den Pudding eine Stunde garen. Die Aprikosen pürieren. Aprikosengeist untermischen. Die Form auf eine Platte stürzen und 5 Minuten mit einem nassen Tuch bedecken. Die Form abheben. Den Pudding warm servieren. Die Sauce dazu reichen.

Vorbereitungszeit: 45 Minuten
Garzeit: 1 Stunde
Umluft: 1 Stunde bei 200 Grad
Pro Portion (bei 6 Portionen) etwa 11 g Eiweiß, 38 g Fett, 50 g Kohlenhydrate = 2620 Joule (626 Kalorien)
Kalorienersparnis durch natreen pro Portion (bei 6 Portionen): 280 Joule (67 Kalorien)

Unser Tip: Wer Pudding im Umluftherd gart, muß ab und zu das verdampfte Wasser in der Saftpfanne ersetzen.

Flan

Zum Foto rechts oben

Für 6-8 Portionen:
200 g feiner Zucker oder
150 g Zucker und
4 ml natreen-SÜSSE flüssig
1 Vanilleschote
½ l Milch
3 große Eier
250 g Schlagsahne

150 g Zucker in einen Topf (möglichst mit Kupferboden) häufen. Ohne zu rühren so lange erhitzen, bis der Zucker am Rand schmilzt. Dann vom Rand ständig rühren, bis der Zucker geschmolzen und bräunlich ist. In eine große Flanform gießen, die Form damit ausschwenken, den restlichen Karamel in den Topf zurückgießen, mit 4-6 El Wasser auflösen, zur Seite stellen.
Die Vanilleschote aufschlitzen, auskratzen. Milch mit Vanilleschote und -mark aufkochen. Eier mit restlichem Zucker oder natreen verrühren, Milch durch ein Haarsieb zugießen, verrühren, in die Form füllen. Im heißen Wasserbad in der Saftpfanne bei 150 Grad (Gas 1-2) auf der 2. Einschubleiste von unten 1 Stunde, 45 Minuten garen. Kalt werden lassen. Am nächsten Tag stürzen. Die Sahne steif schlagen, in die Mitte geben, mit dem stark eingekochten Karamel verzieren.

Zubereitungszeit: 20 Minuten
Garzeit: 1 Stunde, 45 Minuten
Umluft: nicht empfehlenswert
Pro Portion (bei 8 Portionen) etwa 4 g Eiweiß, 13 g Fett, 29 g Kohlenhydrate = 1078 Joule (258 Kalorien)
Kalorienersparnis durch natreen pro Portion (bei 8 Portionen): 105 Joule (25 Kalorien)

Crème brûlée

Zum Foto rechts unten

Für 4 Portionen:
2 Vanilleschoten
½ l Schlagsahne
4 Eier
80 g feiner Zucker

Die Vanilleschoten aufschlitzen und auskratzen. Sahne mit Vanilleschoten und -mark aufkochen lassen. Die Eier mit 40 g Zucker schaumig rühren. Vanilleschoten aus der Sahne nehmen, Sahne unter die Eimasse rühren. Die Masse in vier Portionsförmchen füllen. Die Förmchen im heißen Wasserbad auf die Saftpfanne des Backofens stellen. Bei 200 Grad (Gas 3) auf der 2. Einschubleiste von unten 1 Stunde, 30 Minuten garen. Herausnehmen und kalt stellen.
Zwei Stunden vorm Servieren den restlichen Zucker über die Crème streuen. Die Förmchen im Eiswasser auf die Saftpfanne stellen und so lange unter den Grill des Backofens schieben, bis der Zucker karamelisiert. Kalt werden lassen und servieren.

Vorbereitungszeit: 20 Minuten
Garzeit: 1 Stunde, 30 Minuten
Umluft: nicht empfehlenswert
Pro Portion etwa 5 g Eiweiß, 41 g Fett, 24 g Kohlenhydrate = 2110 Joule (504 Kalorien)

Backpflaumenpudding

Für 12 Portionen:
100 g Zwieback
100 g Pumpernickel
100 g Haselnußkerne
500 g Backpflaumen ohne Stein (Kurpflaumen)
7-8 El Zwetschgenwasser
8 Eier (Gewichtsklasse 2)
100 g Butter, etwas Butter für die Form
150 g Puderzucker oder
11 ml natreen-SÜSSE flüssig
½ l Schlagsahne
eventuell getrocknete Pflaumen und Pistazienkerne zum Garnieren

Zwieback und Pumpernickel zerbröckeln, nacheinander Zwieback, Haselnußkerne und Pumpernickel in der Moulinette fein zerkleinern. Die Backpflaumen durch die feine Scheibe des Fleischwolfs drehen, mit 6 El Zwetschgenwasser verrühren, zudecken und beiseite stellen. Die Eier trennen, das Eiweiß kalt stellen. Die Butter schaumig rühren, abwechselnd Eigelb und 100 g Puderzucker oder 7 ml natreen dazugeben, alles sehr schaumig rühren. Dann Backpflaumen, Haselnußkerne und Zwiebackbrösel gut damit vermischen. Das Eiweiß mit dem restlichen Puderzucker oder 4 ml natreen steif schlagen. ½ des Eischnees unter die Puddingmasse rühren, den Rest vorsichtig mit dem Schneebesen darunterheben. Eine Puddingform (2 l Inhalt) und den Deckel gut mit Butter ausstreichen und mit Pumpernickel ausstreuen, Pumpernickel leicht andrücken, Puddingmasse in die Form geben, die Form soll nur zu ⅔ gefüllt sein, weil der Pudding beim Garen aufgeht. Die Form verschließen. Den Pudding auf der Saftpfanne im Wasserbad bei 200 Grad (Gas 3) im vorgeheizten Ofen auf mittlerer Einschubleiste 1 Stunde, 30 Minuten bis 1 Stunde, 40 Minuten garen. Dann noch fünf Minuten im ausgeschalteten Backofen stehenlassen. Herausnehmen, die Form öffnen und noch mal fünf Minuten stehenlassen. Den Pudding stürzen, die Sahne steif schlagen und mit dem restlichen Zwetschgenwasser abschmecken. Den Pudding mit der Sahne dekorieren oder die Sahne extra dazu servieren. Eventuell mit ganzen Backpflaumen und Pistazienkernen garnieren.

Vorbereitungszeit: 50 Minuten
Garzeit: etwa 1 Stunde, 30 Minuten
Umluft: etwa 1 Stunde, 30 Minuten bei 180 Grad
Pro Portion etwa 16 g Eiweiß, 30 g Fett,
44 g Kohlenhydrate = 2348 Joule (561 Kalorien)
Kalorienersparnis durch natreen pro Portion:
209 Joule (50 Kalorien)

●●●●●●●●●●●●●●●●●●●●●●●●●●●●

Unser Tip: Puddings und Flans gart man im Wasserbad, weil sie sonst bei Erhitzen im Topf ansetzen würden.

- Flans, die in flachen Formen gegart werden, stellt man am besten in die mit Wasser gefüllte Saftpfanne im Backofen.
- Hohe Puddings kann man in einem entsprechend großen Topf sowohl auf dem Herd als auch im Ofen garen.
- Form, Topf oder Schüssel sollen immer bis zu zwei Drittel im Wasser stehen.
- Das Wasser darf nie sprudelnd kochen, sondern nur leise sieden, damit Puddings nicht löchrig werden und Flans keine Luftblasen bekommen.

●●●●●●●●●●●●●●●●●●●●●●●●●●●●

For You

Lebkuchenpudding

Für 4 Portionen:
250 g Lebkuchen (echte Nürnberger)
50 g Schokolade (zartbitter)
3 El brauner Rum
180 g Butter oder Margarine
60 g Zucker oder
4 ml natreen-SÜSSE flüssig
6 Eier (Gewichtsklasse 2, getrennt), Zimt (gemahlen)
60 g Mandeln (gemahlen)
Butter und Zucker oder Semmelmehl für die Form

Die Lebkuchen und die Schokolade reiben. Lebkuchen mit Rum beträufeln. Butter oder Margarine, 50 g Zucker oder 3 ml natreen und Eigelb schaumig rühren. Eiweiß mit dem restlichen Zucker oder 1 ml natreen steif schlagen. Schokolade, Zimt, Mandeln, Lebkuchen und Fettmasse vorsichtig unterziehen. Eine Puddingform sorgfältig mit Butter ausstreichen und mit Zucker oder Semmelmehl ausstreuen. Die Masse hineinfüllen und die Form verschließen. In eine ofenfeste mit Wasser gefüllte Schüssel stellen: Die Puddingform soll zu zwei Drittel im Wasserbad stehen. Den Pudding eine Stunde bei 200 Grad (Gas 3) im Backofen garen. Dazu paßt eiskalte, leicht aufgeschlagene Sahne.

Vorbereitungszeit: 35 Minuten
Garzeit: 1 Stunde
Umluft: 1 Stunde bei 175 Grad
Pro Portion etwa 18 g Eiweiß, 59 g Fett, 80 g Kohlenhydrate = 3967 Joule (948 Kalorien)
Kalorienersparnis durch natreen pro Portion: 255 Joule (60 Kalorien)

Unser Tip: Bei diesem Pudding kann man die echten Nürnberger Lebkuchen auch ganz oder teilweise durch Reste von anderen Lebkuchen ersetzen.

Mandelpudding

Für 4-6 Portionen:
100 g Butter oder Margarine
90 g Zucker
100 g abgezogene gemahlene Mandeln
200 ccm Milch
1 Vanilleschote, 1 Prise Salz
50 g Mehl, 4 Eier (Gew.-Kl. 2)

Eine Flan-Form von 22 cm Ø mit 30 g weicher Butter oder Margarine ausfetten und mit 20 g Zucker ausstreuen. Die Form kühl stellen. Die Mandeln in einer Pfanne ohne Fett unter Wenden goldbraun rösten. Die Milch mit der aufgeschlitzten Vanilleschote und der Prise Salz aufkochen. Die restliche Butter oder Margarine in einem Topf schmelzen. Das Mehl mit dem Schneebesen darunterrühren. Die heiße Vanillemilch durch ein Sieb dazugießen und unter ständigem Rühren gut durchkochen. Den Topf vom Herd nehmen. Die Eier trennen, das Eigelb nach und nach unter die heiße Masse rühren. Den Ofen auf 175 Grad (Gas 2) vorheizen. Die Saftpfanne auf die unterste Einschubleiste schieben und mit heißem Wasser füllen. Das Eiweiß mit dem restlichen Zucker zu steifem Schnee schlagen. Die Mandeln und den Eischnee mit dem Schneebesen unter die Eigelbmasse ziehen. Die Masse in die Form füllen, die Form in die Saftpfanne stellen. Sie soll bis zu zwei Drittel im Wasser stehen. Den Pudding 25 bis 30 Minuten garen. Den Pudding auf eine Platte stürzen und heiß mit Karamelsauce servieren.

Vorbereitungszeit: 45 Minuten
Garzeit: 25-30 Minuten
Umluft: 25-30 Minuten bei 150 Grad
Pro Portion (bei 6 Portionen) etwa 10 g Eiweiß, 28 g Fett, 25 g Kohlenhydrate = 1769 Joule (422 Kalorien)

Karamelsauce mit Mandeln

Für 4-6 Portionen:
50 g Puderzucker
1/8 l Schlagsahne
100 g abgezogene Mandeln
2 El brauner Rum

Den Puderzucker in einem Topf mit dikkem Boden zu Karamel schmelzen lassen. Die Sahne dazugießen (Vorsicht, Karamel ist sehr heiß!) und unter Rühren kochen, bis sich der Karamel gelöst hat. Sauce erkalten lassen.
Die Mandeln in einer Pfanne ohne Fett unter Wenden goldbraun rösten und ebenfalls erkalten lassen. Kurz vor dem Servieren zusammen mit dem Rum unter die Sauce rühren. Kalt zum heißen Mandelpudding servieren.

Zubereitungszeit: 15 Minuten
Pro Portion (bei 6 Portionen) etwa 3 g Eiweiß, 15 g Fett, 10 g Kohlenhydrate = 967 Joule (231 Kalorien)

Unser Tip: Wer eine alte Puddingform oder eine Puddingform aus einfachem Blech hat, sollte sie vorsichtshalber vor dem Benutzen ausbrennen, damit der Pudding beim Stürzen nicht hängen bleibt: Die leere Form für 15 bis 20 Minuten in den 225 Grad (Gas 4) heißen Ofen stellen.

Plumpudding mit Hard-Sauce

Für 6-8 Portionen:
Pudding:
250 g Sultaninen
100 g Korinthen
125 g Backpflaumen ohne Stein
4 El Rum
100 g Orangeat
100 g Zitronat
2 Äpfel (ca. 200 g)
90 g Pflanzenfett
115 g Semmelbrösel
100 g Mehl
65 g brauner Zucker
4 Eier
100 g geriebene Haselnüsse
Saft und fein abgeriebene
Schale einer Zitrone (unbehandelt)
½ Tl Nelken (gemahlen)
½ Tl Zimt (gemahlen)
Muskatnuß (frisch gerieben)
Pfeffer aus der Mühle
Sauce:
125 g Butter
125 g Zucker
3 El Rum
Zum Flambieren:
6 El Rum (54%)

Gewaschene Sultaninen und Korinthen und die kleingeschnittenen Backpflaumen im Rum gut durchziehen lassen. Orangeat, Zitronat und geschälte Äpfel klein gewürfelt dazugeben. Dann das in Flöckchen geschnittene Pflanzenfett und die übrigen Zutaten daruntermischen (dabei 10 g Fett und 15 g Semmelbrösel zurückbehalten). Alles zu einem geschmeidigen Teig verarbeiten und abschmecken. Eine verschließbare Puddingform mitsamt dem Deckel mit restlichem Fett gut ausfetten, mit den restlichen Semmelbröseln ausstreuen. Teig hineinfüllen. Deckel schließen. Im Wasserbad 3-4 Stunden leise kochen lassen.
Inzwischen die Hard-Sauce bereiten: Die weiche Butter mit dem Zucker und dem Rum mit dem Handrührer 2 Minuten schlagen. 15 Minuten in den Kühlschrank stellen.
Den fertigen Plumpudding aus dem Wasserbad nehmen, 5 Minuten stehenlassen. Den Deckel öffnen und den Pudding vorsichtig mit einem Messer vom Rand lösen. Stürzen (evtl. dabei ein in kaltes Wasser getränktes Tuch auf die Form legen, damit der Pudding sich ganz löst). Mit Hard-Sauce rundherum dekorieren (das geht am besten mit einem Teelöffel). Am Tisch flambieren: Den Rum erwärmen, anzünden und brennend darübergießen. Mit einem Ilexzweig dekorieren.

Vorbereitungszeit: 45 Minuten
Garzeit: 3 bis 4 Stunden
Pro Portion (bei 8 Portionen) etwa 10 g Eiweiß, 35 g Fett, 89 g Kohlenhydrate = 3328 Joule (795 Kalorien)

FLAMMERIS, REIS-UND GRIESSDESSERTS

Das erste Dessert, das wir zu essen bekommen, ist Grießbrei. Denn der ist so nahrhaft, daß man schon Babys damit füttert. Für Erwachsene wird der Grießbrei dann verfeinert: mit Schlagsahne zum Beispiel und frischen Früchten, mit Mandeln oder Zitronenschale. Wenn die Kinder dann etwas größer sind und man sie nach ihrem Lieblingsdessert fragt, sagen sie wahrscheinlich: Pudding. Vanillepudding mit Himbeersauce oder Schokoladenpudding mit Vanillesauce. Dabei meinen sie eigentlich gar keinen Pudding, sondern einen Flammeri: Pudding wird nämlich in einer hohen Form im Wasserbad gegart und meist warm gegessen. Flammeri dagegen wird im Topf gekocht und zum Auskühlen in eine Form gegeben. Bis 1910 ungefähr machte man sprachlich tatsächlich noch diesen Unterschied, aber seit der Entwicklung des Industrieprodukts Puddingpulver heißt nun alles Pudding. Der Pudding und der Flammeri.

***Läßt sich vorbereiten:
Vanilleflammeri.
Dazu paßt Himbeersauce.
Rezept auf Seite 48***

Vanilleflammeri

Zum Foto auf Seite 47

Für 4-6 Portionen:
4 Eier (Gew.-Kl. 2)
$^3/_4$ l Milch
80 g Zucker oder
5 ml natreen-SÜSSE flüssig
70 g Speisestärke
2 Vanilleschoten
1 Prise Salz

Die Eier trennen. Eigelb mit $^1/_4$ l Milch, 40 g Zucker oder 3 ml natreen und der Speisestärke verquirlen. Die restliche Milch in einen Topf geben, die Vanilleschoten aufschlitzen und auskratzen, Mark, Schoten und die Prise Salz in die Milch geben und zum Kochen bringen. Die Schoten herausfischen. Die angerührte Eigelbmischung mit dem Schneebesen in die kochende Milch rühren, kurz und kräftig aufkochen lassen, dann den Topf vom Herd nehmen. Die Eiweiß mit dem restlichen Zucker oder natreen zu steifem Schnee schlagen. Den Topf mit der Eigelbmasse wieder auf die Kochplatte (oder ganz kleine Gasflamme) stellen, den Eischnee mit dem Schneebesen darunterrühren. Einmal kurz aufkochen lassen.

Eine Puddingform von $1^1/_2$ l Inhalt mit kaltem Wasser ausspülen, die heiße Flammerimasse einfüllen. Den Flammeri 2 bis 3 Stunden auskühlen lassen, dann auf einen Teller stürzen und die Form abheben. Dazu paßt Himbeersauce aus pürierten Himbeeren oder aus dem Glas (Fertigprodukt).

Zubereitungszeit: 20-25 Minuten
Pro Portion (bei 6 Portionen) etwa 9 g Eiweiß, 8 g Fett, 29 g Kohlenhydrate = 1050 Joule (251 Kalorien)
Kalorienersparnis durch natreen pro Portion (bei 6 Portionen): 226 Joule (53 Kalorien)

Grießbrei mit Aprikosen

Zum Foto rechts unten

Für 4 Portionen:
$^3/_8$ l Milch, $^1/_4$ l Schlagsahne, 1 Prise Salz
50 g Hartweizengrieß, 2 El Honig
1 kleine Dose Aprikosen

Milch, Sahne, Salz aufkochen, Grieß einstreuen. Bei milder Hitze 5 Min. quellen lassen. Honig einrühren. Aprikosen abtropfen, pürieren, unterziehen.

Vorbereitungszeit: 5 Min., Garzeit: 5 Min.
Pro Portion ca. 7 g Eiweiß, 23 g Fett, 66 g Kohlenhydrate = 2627 Joule (485 Kalorien)

Grießflammeri mit Himbeeren

Zum Foto rechts oben

Für 4 Portionen:
500 g Himbeeren, 150 g Zucker oder
11 ml natreen-SÜSSE flüssig
$^3/_8$ l Milch, 1 Prise Salz
abger. Zitronenschale
1 Pkt. Vanillinzucker, 45 g Hartweizengrieß
1 Ei (getrennt), $^1/_4$ l Schlagsahne

Himbeeren verlesen, mit 50 g Zucker oder 4 ml natreen bestreuen und kühl stellen. Die Milch mit Salz, der Zitronenschale, dem restlichen Zucker oder 7 ml natreen und dem Vanillinzucker zum Kochen bringen. Den Grieß einstreuen und etwa 5 Minuten bei milder Hitze ausquellen lassen. Dann den Topf vom Herd nehmen und das Eigelb unterrühren. Den Brei etwas abkühlen lassen. Inzwischen Eiweiß und Sahne getrennt steif schlagen. Beides unter den Grießbrei heben, Brei über die Himbeeren gießen.

Vorbereitungszeit: 15 Min., Garzeit: 5 Min.
Pro Portion etwa 10 g Eiweiß, 26 g Fett, 65 g Kohlenhydrate = 2185 Joule (522 Kalorien)
Kalorienersparnis durch natreen pro Portion: 637 Joule (150 Kalorien)

Grießschnitten mit Mandelkruste und Rosinenkompott

Für 6 Portionen:
Grießschnitten:
1 Vanilleschote
3/4 l Milch
Salz, 30 g Zucker
125 g Grieß
2 Eigelb (Gewichtsklasse 2)
50 g Butter oder Margarine
Fett für die Form
Rosinenkompott:
20 g frische Ingwerwurzel
1/2 l kräftiger Rotwein
1/8 l Orangensaft (aus ca. 2 Orangen)
20 g Speisestärke
200 g helle Rosinen
1 Tl Orangenschale (dünn abgerieben von einer unbehandelten Frucht)
Mandelkruste:
2 Eier (Gewichtsklasse 2)
30 g Mehl
150 g Mandelblättchen
60-80 g Butterschmalz

Die Vanilleschote der Länge nach aufschlitzen, das Mark herauskratzen. Mark und Schote mit Milch, Salz und Zucker in einem Topf zum Kochen bringen. Vanilleschote herausnehmen. Den Grieß einrieseln lassen und dann unter ständigem Rühren 3-4 Minuten kochen. Topf von der Kochstelle nehmen, Eigelb und Butter oder Margarine mit dem Schneebesen unter den Grieß rühren.
Eine Rehrückenform (26 cm lang) leicht ausfetten. Den Grießbrei einfüllen und kalt werden lassen.
Für das Rosinenkompott die Ingwerwurzel schälen und reiben. Rotwein und Orangensaft in einen Topf geben. Etwa 1/8 l davon abnehmen und die Speisestärke darin anrühren. Die Rosinen kurz

Fortsetzung Seite 52

waschen, in den Topf geben und zum Kochen bringen. Den Topf von der Kochstelle nehmen und zugedeckt 10 Minuten stehenlassen, damit die Rosinen ausquellen können. Die Flüssigkeit mit den Rosinen wieder zum Kochen bringen, die angerührte Speisestärke einrühren und kurz durchkochen. Ingwer und Orangenschale unterrühren. Das Rosinenkompott kalt werden lassen.
Den Grießpudding aus der Rehrückenform stürzen und in 12 Scheiben schneiden. Eine Platte oder einen Teller im Backofen vorwärmen.
Für die Mandelkruste die Eier verschlagen. Die Grießschnitten zuerst im Mehl wälzen und abklopfen, dann durch das verschlagene Ei ziehen und zum Schluß von beiden Seiten fest in die Mandelblättchen drücken.
Jeweils 20 g Butterschmalz in einer Pfanne erhitzen. Die Grießschnitten darin bei mittlerer Hitze pro Seite 3-4 Minuten braten, bis die Mandeln goldbraun sind. Je nach Pfannengröße sind 3-4 Bratvorgänge nötig. Die Schnitten auf die vorgewärmte Platte legen und ganz heiß servieren. Das kalte Rosinenkompott zu den Grießschnitten reichen.

Vorbereitungszeit: 45 Minuten
Garzeit: Pudding 5-6, Schnitten 6-8 Minuten pro Bratvorgang
Pro Portion etwa 15 g Eiweiß, 41 g Fett,
61 g Kohlenhydrate = 3234 Joule (772 Kalorien)

Milchreis mit exotischen Früchten

Für 4 Portionen:
4 Becher Milchreis (fertig gekauft)
2 Dosen Guaven (228 g EW) oder Lychees oder Mangospalten oder Pfirsiche
2 Tl flüssiger Honig
20 g Mandelstifte
1 Tl Butter oder Margarine
Schlagsahne zum Garnieren

Den Milchreis in eine Schüssel füllen, Obst abtropfen lassen. Die Hälfte der Früchte in Spalten schneiden, den Rest zum Garnieren beiseite legen. Etwas Obstsaft mit dem Honig verrühren, dann zum Milchreis geben. Fruchtspalten unterheben. Mandelstifte in der Butter oder Margarine goldbraun rösten, abkühlen lassen. Sahne steif schlagen. Reis mit Obsthälften und Sahnetupfern garnieren, mit den Mandeln bestreuen. Gut gekühlt servieren.

Zubereitungszeit: 15 Minuten
Pro Portion ca. 17 g Eiweiß, 14 g Fett,
115 g Kohlenhydrate = 2850 Joule (681 Kalorien)

Unser Tip: Bei Süßspeisen verwendet man immer Rundkornreis, weil er besser und schneller ausquillt als die anderen Reissorten.

Chalva mit Mandeln

Für 15-20 Portionen:
500 g Zucker
250 g Butter (oder 250 g Olivenöl, oder je 125 g Butter und Öl)
500 g Grieß
250 g gemahlene Mandeln
reichlich Zimt
ca. 20 g geschälte Mandeln zum Garnieren

750 ccm Wasser erhitzen, wenn es kocht, den Zucker hineinschütten, unter Rühren ca. 5-10 Minuten kochen lassen, bis sich der Zucker gelöst hat. In einem anderen Topf das Fett bei mäßiger Hitze zerlassen, den Grieß hineingeben und kräftig rühren. Nach 5 Minuten die gemahlenen Mandeln unterrühren und mit etwas Zimt würzen. Weiterrühren, bis die Masse goldgelb und dick wird. Jetzt den Zuckersirup dazugeben und kräftig unterrühren, bis die Masse sehr fest ist. Den Topf vom Herd nehmen, mit einem Tuch und dem Deckel zudecken. Das Chalva 15 Minuten ausquellen lassen, dann in eine Form oder Schüssel drücken. Danach die Masse mit reichlich Zimt bestreuen und mit den Mandeln dekorieren. Nach dem Abkühlen in kleine Stücke schneiden.

Zubereitungszeit: ca. 30 Minuten
Pro Portion (bei 20 Portionen) etwa 5 g Eiweiß, 18 g Fett, 46 g Kohlenhydrate = 1587 Joule (379 Kalorien)

Karamelflammeri

Zum Foto auf Seite 57 (oben)

Für 10-12 Portionen:
100 g Speisestärke, 1 l Milch
150 g Haselnußkerne, 175 g Zucker
1 Prise Salz, 3 Eiweiß
etwas Zucker zum Bestreuen

Speisestärke mit etwas Milch anrühren. Nüsse hacken, in einer trockenen Pfanne anrösten. 125 g Zucker in einem Topf karamelisieren, restliche Milch dazugießen, aufkochen, den Karamel darin auflösen. Mit Speisestärke verrühren, aufkochen. Restlichen Zucker und Salz dazugeben, dann 100 g Haselnüsse unterrühren.
Das sehr steif geschlagene Eiweiß unterheben, sofort in eine kalt ausgespülte Puddingform füllen, mit etwas Zucker bestreuen, kalt stellen und fest werden lassen. Kurz vor dem Servieren stürzen, mit den restlichen Nüssen bestreuen. Dazu paßt Mokkasauce (z. B. aus dem Glas).

Zubereitungszeit: 35 Minuten
Pro Portion (bei 12 Portionen) etwa 5 g Eiweiß, 10 g Fett, 27 g Kohlenhydrate = 945 Joule (226 Kalorien)

Schokoladenflammeri

Zum Foto auf Seite 57 (links)

Für 10-12 Portionen:
90 g Speisestärke, 3/4 l Milch
40 g Kakao, 60 g Zucker oder
4 ml natreen-SÜSSE flüssig
1/4 l starker Mokka, 1 Prise Salz
100 g Schokoraspel, 2 El Rum
evtl. Zucker und 50 g Mandelstifte zum Bestreuen

Die Speisestärke mit etwas Milch anrühren. Die restliche Milch mit Kakao, Zucker oder natreen, Mokka und Salz verrühren, aufkochen. Speisestärke untermischen, aufkochen lassen. Schokoraspel und Rum unterrühren. Den Flammeri in eine kalt ausgespülte Puddingform füllen und evtl. mit etwas Zucker bestreuen, kalt stellen und fest werden lassen. Kurz vorm Servieren stürzen, mit Mandelstiften bestreuen. Dazu paßt Vanillesauce.

Zubereitungszeit: 20-25 Minuten
Pro Portion (bei 12 Portionen) etwa 5 g Eiweiß, 8 g Fett, 22 g Kohlenhydrate = 846 Joule (202 Kalorien)
Kalorienersparnis durch natreen pro Portion (bei 12 Portionen): 96 Joule (23 Kalorien)

Grießflammeri

Zum Foto auf Seite 57 (unten)

Für 10-12 Portionen:
1 l Milch, 125 g Grieß
75 g Zucker oder
5 ml natreen-SÜSSE flüssig
1 Prise Salz
abgeriebene Schale einer unbehandelten Zitrone
3 Eier (getrennt)
evtl. etwas Zucker zum Bestreuen

Die Milch aufkochen, den Grieß einstreuen und 10 bis 15 Minuten unter Rühren ausquellen lassen. Dann Zucker oder natreen, Salz, Zitronenschale und verquirltes Eigelb unterrühren. Eiweiß steif schlagen und unter den heißen Flammeri heben. In eine kalt ausgespülte Puddingform füllen und evtl. mit Zucker bestreuen, kühl stellen und fest werden lassen. Vorm Servieren stürzen. Dazu paßt Blaubeersauce.

Zubereitungszeit: 10-15 Minuten
Pro Portion (bei 12 Portionen) etwa 5 g Eiweiß, 4 g Fett, 18 g Kohlenhydrate = 586 Joule (140 Kalorien)
Kalorienersparnis durch natreen pro Portion (bei 12 Portionen): 113 Joule (27 Kalorien)

Menü

Schweizer Reis mit Johannisbeeren

Für 4 Portionen:
500 g rote Johannisbeeren
250 g Reis
1 Prise Salz
1 Vanilleschote
½ l Schlagsahne
Schale von 1 Zitrone (mit unbehandelter Schale)
4 El Zucker oder
4 ml natreen-SÜSSE flüssig
4 El Himbeergeist
100 g Haselnüsse (in der Mandelmühle gehobelt)

Johannisbeeren kurz waschen und mit einer Gabel von den Rispen streifen. Reis mit der Prise Salz und dem Mark der Vanilleschote in ¼ l Wasser und ¼ l Sahne bei milder Hitze im geschlossenen Topf quellen lassen. Vom Herd nehmen, mit der Zitronenschale, Zucker oder natreen und Himbeergeist abschmecken und kalt werden lassen.
Die restliche Sahne schlagen und zusammen mit 400 g Johannisbeeren unter den Reis heben.
Nochmals kühl stellen. Mit den Haselnußblättern und den restlichen Johannisbeeren garnieren und eiskalt servieren.

Vorbereitungszeit: ca. 25 Minuten
Garzeit: ca. 30-35 Minuten
Pro Portion ca. 12 g Eiweiß, 55 g Fett,
86 g Kohlenhydrate = 4027 Joule (963 Kalorien)
Kalorienersparnis durch natreen pro Portion:
251 Joule (60 Kalorien)

Vanilleflammeri mit Himbeersauce

Zum Foto rechts oben

Für 4 Portionen:
2 Vanilleschoten
$\frac{1}{2}$ l Milch, 100 g Zucker oder 4 ml natreen-SÜSSE flüssig und 40 g Zucker
50 g Grieß, 1 Prise Salz
20 g Butter
1 Ei (getrennt), 1 Eigelb
500 g Himbeeren (TK)
$\frac{1}{8}$ l trockener Rotwein

Die Vanilleschoten aufschlitzen und auskratzen. Schoten und Mark mit der Milch und 40 g Zucker oder 3 ml natreen aufkochen, Schoten herausnehmen. Grieß und Salz einrieseln lassen. Die Butter unterrühren. Den Flammeri einmal auskochen. Bei milder Hitze 5 Minuten ausquellen lassen. Eiweiß steif schlagen. Eigelb unter den heißen Brei rühren. Eischnee unterziehen, in 4 kalt ausgespülte Förmchen gießen, kalt stellen. Für die Sauce 4 El Beeren und 1 El Zucker oder 1 ml natreen mischen. Den restlichen Zucker zu goldbraunem Karamel schmelzen. Die restlichen Himbeeren zugeben und den Rotwein angießen. Dann etwa 5 Minuten kochen, bis sich der Karamel gelöst hat. Die Sauce durch ein Sieb streichen und kalt stellen. Kurz vor dem Servieren mit den beiseite gestellten Himbeeren mischen.

Vorbereitungszeit: ca. 5 Minuten
Garzeit: insg. ca. 15 Minuten
Pro Portion ca. 9 g Eiweiß, 11 g Fett,
52 g Kohlenhydrate = 1536 Joule (367 Kalorien)
Kalorienersparnis durch natreen pro Portion:
251 Joule (60 Kalorien)

Reisrand mit Kompott

Zum Foto rechts unten

Für 6-8 Portionen:

Reisrand:
1 Dose Cream of Coconut (439 g Inhalt)
$\frac{1}{2}$ l Milch, Salz
1 Vanilleschote, 1 Pkt. Vanillinzucker
250 g Avorio-Reis
6 Blatt weiße Gelatine
$\frac{1}{4}$ l Schlagsahne

Kompott:
750 g Erdbeeren
2 El Erdbeerkonfitüre
4 El Orangenlikör
1 Tl dünn abgeriebene Orangenschale
1 Ananas (1 kg), 30 g Kokosraspel

Cream of Coconut erwärmen und gut durchrühren. $\frac{1}{4}$ l davon mit Milch, $\frac{3}{8}$ l Wasser, Salz, aufgeschlitzter Vanilleschote und Vanillinzucker in einen Topf geben. Den Reis in die kalte Milch schütten, durchrühren, bei milder Hitze in 45-50 Minuten ausquellen lassen, umrühren. Gelatine einweichen. Die Vanilleschote aus dem Reis nehmen. Den Reis kalt werden lassen. Sahne schlagen. Die Gelatine tropfnaß bei milder Hitze auslösen. Sahne und Gelatine unter den Reis heben. Eine Form ($1\frac{1}{2}$ l Inhalt) kalt ausspülen. Den Reis einfüllen, gut durchkühlen lassen. Die Erdbeeren waschen, putzen. 250 g davon pürieren, den Rest vierteln. Konfitüre, Likör und Orangenschale unter das Erdbeerpüree mischen. Von der Ananas Stiel, Schopf und Schale abschneiden. Ananasfleisch würfeln. Erdbeeren und Ananas unter das Püree mischen und kalt stellen. Kokosraspel in eine Pfanne ohne Fett rösten. Reisrand stürzen, Kompott in die Mitte geben, den Reisrand mit den gerösteten Kokosraspeln bestreuen.

Vorbereitungszeit: 45 Minuten
Garzeit: 45-50 Minuten
Pro Portion (bei 8 Portionen) etwa 13 g Eiweiß,
33 g Fett, 55 g Kohlenhydrate = 2695 Joule
(644 Kalorien)

Grießflammeri mit Backpflaumen und Birnenspalten

Für 4 Portionen:
1½ Blatt weiße Gelatine
¼ l Milch, Salz
40 g Hartweizengrieß
1 Zitrone (unbehandelt)
¼ l Schlagsahne, 200 g Zucker oder
10 ml natreen-SÜSSE flüssig
Butter für die Förmchen
2 Birnen (ca. 350 g)
1 Zimtstange, 1 Vanilleschote
2 cl Williamsbirnengeist
350 ccm Rotwein
2 Orangenscheiben (unbehandelt)
1 Zitronenscheibe (unbehandelt)
2 Tl Speisestärke
12 Backpflaumen ohne Stein
frische Minze
etwas Puderzucker und Zimt zum Bestäuben

Gelatine in kaltem Wasser einweichen. Die Milch zum Kochen bringen, 1 Prise Salz und den Grieß einrieseln lassen und unter ständigem Rühren 4 Minuten kochen. Die Gelatine bei milder Hitze auflösen, dann unter den heißen Grießbrei rühren und für etwa ½ Stunde in den Kühlschrank stellen. Die abgeriebene Schale der halben Zitrone und 2 El Zitronensaft darunterrühren. Die Sahne mit 50 g Zucker oder 4 ml natreen sehr steif schlagen und unter den Grießbrei ziehen. Flammerimasse in gebutterte Förmchen oder Tassen füllen und ca. 4 Stunden kühl stellen.
Inzwischen die Birnen schälen, vierteln und entkernen, Birnenviertel in dünne Spalten schneiden. ¼ l Wasser mit

Fortsetzung Seite 64

½ Zimtstange, der halben, längs aufgeschlitzten und ausgekratzten Vanilleschote und dem Vanillemark, 2 El Zitronensaft und 100 g Zucker oder 4 ml natreen zum Kochen bringen. Die Birnenspalten darin 3-4 Minuten garen. Den Birnengeist dazugeben und alles erkalten lassen.

Den Rotwein mit dem restlichen Zucker oder natreen, der anderen halben Zimtstange, der anderen Hälfte der Vanilleschote und dem Mark, Orangen- und Zitronenscheiben zum Kochen bringen. Die Speisestärke mit 2 El kaltem Wasser glattrühren, unter den Rotwein mischen und einmal kräftig aufkochen lassen. Den Sud durch ein Sieb über die Backpflaumen gießen und erkalten lassen.

Die Ränder der Flammeris von den Förmchen lösen, die Flammeris auf Teller stürzen. Die Birnenspalten mit einer Schaumkelle aus dem Sud heben und auf die Teller verteilen. Die Backpflaumen mit dem Sud dazugeben. Die Teller mit Minzeblättern dekorieren und alles mit etwas Puderzucker und Zimt bestäuben.

Vorbereitungszeit: 35 Minuten
Garzeit: 30 Minuten
Pro Portion etwa 6 g Eiweiß, 25 g Fett, 93 g Kohlenhydrate = 2670 Joule (638 Kalorien)
Kalorienersparnis durch natreen pro Portion: 837 Joule (200 Kalorien)

Unser Tip: Bei Grießdesserts ist die Gewichtsklasse der Eier sehr wichtig. Ist sie bei den Rezepten nicht angegeben, gehen wir von der Gewichtsklasse 2 aus. Wichtig ist außerdem, daß der Grieß richtig ausgequollen ist.

Mokkaflammeri mit Mascarpone-Sauce

Für 4-6 Portionen:
Flammeri:
4 Eier (Gew.-Kl. 2), ½ l Milch
80 g Zucker oder
5 ml natreen-SÜSSE flüssig, 1 Prise Salz
65 g Speisestärke, ¼ l Espresso
Sauce:
250 g Mascarpone (italienischer Frischkäse)
4 El Amaretto (italienischer Likör)
50 g Mandelblättchen

Die Eier trennen. Eigelb mit ¼ l Milch, 40 g Zucker oder 3 ml natreen, Salz und der Speisestärke verquirlen. Die restliche Milch mit dem Espresso aufkochen. Die angerührte Speisestärke in die kochende Milch rühren, kurz durchkochen und vom Herd ziehen. Eiweiß mit dem restlichen Zucker oder natreen zu steifem Schnee schlagen. Den Topf wieder auf den Herd stellen, den Eischnee mit dem Schneebesen unterrühren, dabei den Flammeri kurz aufkochen lassen.

Eine Puddingform ohne Rohr von 1½ l Inhalt mit kaltem Wasser ausspülen, die heiße Masse einfüllen und 2 bis 3 Stunden auskühlen lassen, dann auf einen Teller stürzen. Den küchenwarmen Mascarpone und Amaretto mit dem Schneebesen verschlagen. Die Mandelblättchen in einer Pfanne ohne Fett unter Wenden goldbraun rösten, dann auskühlen lassen und unter die Sauce mischen. Sauce zum Mokkaflammeri servieren.

Zubereitungszeit: 35 Minuten (ohne Kühlzeit)
Pro Portion (bei 6 Portionen) etwa 16 g Eiweiß, 19 g Fett, 33 g Kohlenhydrate = 2065 Joule (445 Kalorien)
Kalorienersparnis durch natreen pro Portion (bei 6 Portionen): 226 Joule (53 Kalorien)

MEHLSPEISEN, KLÖSSE UND KNÖDEL

Wer einmal in Wien war, wird sich nicht nur an die Kapuzinergruft, den Stephansdom und den Prater erinnern, sondern bei der Erwähnung dieser Stadt besonders heftig an die Wiener Mehlspeisen denken: an Sauerkirschstrudel, Betrunkene Kapuziner und Buchteln mit Vanillesauce, an Germknödel, Topfenknödel und Haselnußnockerln mit Likoräpfeln. Und wenn er dann im Winter vorm Kamin sitzt, den Kaiserwalzer, den Dritten Mann oder einen alten Sissy-Film sieht, sehnt er sich nach deftigem österreichischem Essen: nach Tafelspitz und Wiener Schnitzel. Und hinterher nach einer leckeren, heißen Mehlspeise. Rezepte für letztere findet der Wienfreund und Mehlspeisen-Fan im folgenden Kapitel.

Germknödel und
Betrunkene Kapuziner.
Rezepte ab Seite 68

Betrunkener Kapuziner

Zum Foto auf Seite 67 (vorn)

Für 6 Portionen:
Weinsauce:
100 g Zucker oder
7 ml natreen-SÜSSE flüssig
30 g Sultaninen, 2 Zimtstangen
1 Stück Zitronenschale (unbehandelt)
½ l Rotwein (z. B. Beaujolais)
Teig:
50 g Haselnußkerne
50 g halbbittere Kuvertüre
50 g Mehl, 1 Prise Salz
1 Messerspitze Zimt
4 Eier (Gew.-Kl. 2, getrennt)
100 g Zucker
1 Pkt. Vanillinzucker
Fett und Mehl für die Form
Garnieren:
¼ l Schlagsahne
50 g Borkenschokolade

Zucker oder natreen, Sultaninen, Zimtstangen, Zitronenschale und Rotwein 6 bis 8 Minuten kochen, kalt werden lassen. Nüsse in einer trockenen Pfanne rösten, kalt werden lassen, die braune Haut abreiben und mahlen. Kuvertüre hacken. Nüsse, Kuvertüre, Mehl, Salz und Zimt vermischen. Eigelb und 50 g Zucker schaumig schlagen. Das Eiweiß mit dem restlichen Zucker und dem Vanillinzukker steif schlagen. Nuß-Mehl-Mischung und Eischnee unter die Eigelbmasse heben. Eine Backform von 30 x 22 cm leicht fetten und mit Mehl ausstäuben. Die Masse in die Form streichen und bei 225 Grad (Gas 4) auf der untersten Einschubleiste 13 bis 15 Minuten backen. In der Form kalt werden lassen. Mit einem Ausstecher (7 cm Ø) 12 Biskuittaler ausstechen. Zitronenschale und Zimtstangen aus der Weinsauce nehmen. Jeweils zwei Taler auf einen Dessertteller legen und mit 3 bis 4 Eßlöffeln Weinsauce übergießen. Die Sahne steif schlagen und auf jede Portion einen gehäuften Eßlöffel davon geben. Die Borkenschokolade darüberstreuen.

Vorbereitungszeit: 35 Minuten
Garzeit: 13-15 Minuten für den Biskuit,
6-8 Minuten für die Sauce
Pro Portion etwa 8 g Eiweiß, 28 g Fett, 53 g Kohlenhydrate = 2367 Joule (566 Kalorien)
Kalorienersparnis durch natreen pro Portion: 283 Joule (67 Kalorien)

Germknödel

Zum Foto auf Seite 67 (hinten)

Ergibt 12 Stück:
Vorteig:
10 g Hefe, 10 g Zucker
1/16 l Milch, 30 g Mehl
Teig:
500 g Mehl
2 Eier (Gew.-Kl. 2)
1 Eigelb (Gew.-Kl. 2)
40 g Zucker, Salz
1 Tl abgeriebene Zitronenschale
einer unbehandelten Frucht
100 g weiche Butter, ⅛ l Milch
Mehl zum Bearbeiten des Teiges
Garnieren:
150 g Butter, 50 g frisch gemahlener Mohn
30 g Puderzucker, 450 g Pflaumenmus

Hefe in eine Schüssel krümeln den Zukker zugeben, warme Milch darübergießen. Mit dem Schneebesen vermischen, dann das Mehl unterrühren. Zugedeckt 12 Minuten gehen lassen. Mehl in eine Schüssel geben, in die Mitte eine Mulde drücken. Eier, Eigelb, Zucker, 1 Prise Salz, Zitronenschale und Butter dazugeben. Die Milch erwärmen.
Zuerst den Vorteig, dann die Milch zum Teig geben. Alles zu einem glatten Teig verkneten, kräftig durcharbeiten, leicht mit Mehl bestäuben und zugedeckt ge-

hen lassen, bis sich das Teigvolumen verdoppelt hat. Auf der bemehlten Arbeitsplatte zu einer Rolle formen. Die Rolle zugedeckt 6 bis 8 Minuten ruhen lassen. Salzwasser zum Kochen bringen. Die Teigrolle in 12 Stücke schneiden, dann zu 12 Kugeln formen, nicht zu dicht nebeneinander auf ein bemehltes Backblech setzen und zugedeckt gehen lassen, bis sie ihr Volumen um die Hälfte vergrößert haben. Die Butter schmelzen lassen. Jeweils 3 bis 4 Knödel auf einmal in das schwach kochende Salzwasser legen und im geschlossenen Topf 20 Minuten garen. Dabei den Deckel nicht abheben. Knödel aus dem Wasser heben und in eine flache Form setzen. Mit zwei Gabeln etwas auseinanderziehen, mit flüssiger Butter begießen, mit Mohn bestreuen und mit Puderzucker bestäuben. Mit Pflaumenmus servieren.

Vorbereitungszeit: 30-40 Minuten
Garzeit: 20 Minuten pro Einlage
Pro Knödel etwa 8 g Eiweiß, 21 g Fett, 69 g Kohlenhydrate = 2088 Joule (499 Kalorien)

Mohr im Hemd

Zum Foto auf den Seiten 70/71 (links)

Für 6 Portionen:
Pudding:
Fett und Zucker für die Förmchen
120 g bittere Kuvertüre
100 g Haselnußkerne
50 g Löffelbiskuits, 50 g Mehl
5 Eier (Gew.-Kl.2, getrennt)
100 g Butter oder Margarine, Salz
1 Tl dünn abgeriebene Zitronenschale
80 g Zucker
Sauce:
100 g Puderzucker, 1/8 l Schlagsahne
100 g bittere Kuvertüre, 2 El Rum
Garnieren:
1/4 l Schlagsahne

Sechs Souffléförmchen von je 1/8 l Inhalt mit Fett ausstreichen und mit Zucker ausstreuen. Die Kuvertüre fein hacken. Nüsse mahlen. Die Löffelbiskuits in einen Gefrierbeutel füllen und mit der Kuchenrolle zerdrücken. Alles mit dem Mehl vermengen.
Eigelb, Butter oder Margarine, Salz, Zitronenschale und die Hälfte des Zuckers mit den Quirlen des Handrührers schaumig rühren. Das Eiweiß mit dem restlichen Zucker steif schlagen. Die Nußmischung und den Eischnee unter die Eigelbmasse heben und in die Förmchen füllen. Die Saftpfanne des Backofens ungefähr 2 cm hoch mit kochendem Wasser füllen und die Förmchen hineinstellen. Auf der untersten Einschubleiste im vorgeheizten Ofen bei 200 Grad (Gas 3) 25 bis 30 Minuten garen.
Puderzucker zu hellbraunem Karamel schmelzen lassen. 1/8 l Schlagsahne dazugießen und kochen lassen, bis sich der Karamel gelöst hat. Die Kuvertüre würfeln, in der Karamelsahne schmelzen. Dann den Rum unterrühren. Die Sauce vom Herd nehmen. Die Förmchen vorsichtig aus dem Wasserbad nehmen, fünf Minuten stehenlassen. 1/4 l Sahne steif schlagen. Die Puddings auf Dessertteller stürzen und jeden Pudding mit ungefähr 2 El warmer Schokoladensauce überziehen. Die Sahne dazu servieren.

Vorbereitungszeit: 35-40 Minuten
Garzeit: 25-30 Minuten für den Pudding,
10 Minuten für die Sauce
Umluft: nicht geeignet
Pro Portion etwa 12 g Eiweiß, 62 g Fett, 58 g Kohlenhydrate = 3887 Joule (929 Kalorien)

„Mohr im Hemd" heißt diese Wiener Mehlspeise: Es ist ein Schokoladenpudding mit Schlagobers (unten). *Rezept Seite 69*

Die Topfenknödel werden mit Vanillinzucker und Zitronenschale gewürzt und mit einem Kompott aus Sauerkirschen und Preiselbeeren serviert (oben).
Rezept auf Seite 72

Topfenknödel

Zum Foto auf den Seiten 70/71 (rechts)

Ergibt 12-14 Stück:
Knödel:
750 g Magerquark
30 g Mehl (Type 405; bei doppelt griffigem Mehl – Rosenmehl – genügen 18-20 g)
Salz, 20 g Puderzucker
2 Pkt. Vanillinzucker
1 Tl dünn abgeriebene Zitronenschale einer unbehandelten Frucht
1 Ei (Gewichtsklasse 2)
2 Eigelb (Gewichtsklasse 2)
100 g Crème fraîche
Garnieren:
2 altbackene Brötchen, 150 g Butter
Kompott:
1 Glas Sauerkirschen (700 g EW)
10 g Speisestärke
1 Glas Preiselbeerkompott (200 g EW)
Puderzucker zum Bestreuen

Für die Knödel den Quark in einem Geschirrhandtuch portionsweise gut ausdrücken und durch ein Sieb streichen (nach dem Ausdrücken bleiben 400 g Quark übrig). Mehl, 1 Prise Salz, Puderzucker, Vanillinzucker und Zitronenschale unter den Quark rühren. Dann Ei, Eigelb und Crème fraîche unterrühren. Die Masse eine Stunde in den Kühlschrank stellen.

Die Brötchen aufschneiden, im Backofen goldbraun rösten, in einen Gefrierbeutel füllen und mit dem Nudelholz zerdrükken. Die Butter in einer Pfanne schmelzen lassen und die Brösel bei mittlerer Hitze 4 bis 5 Minuten darin anrösten, dabei umrühren.

Die Sauerkirschen in einem Sieb abtropfen lassen. 1/4 l Saft abmessen. Die Speisestärke mit etwas Saft anrühren. Den restlichen Saft mit den Preiselbeeren in einem Topf zum Kochen bringen. Die angerührte Speisestärke hineinrühren und kurz kochen lassen. Die Sauerkirschen zugeben und noch mal 4 bis 5 Minuten kochen lassen. Das Kompott zur Seite stellen.

Salzwasser in einem breiten Topf zum Kochen bringen. Einen Eisportionierer oder zwei Eßlöffel in das heiße Wasser tauchen und 12 bis 14 Knödel vom vorbereiteten Teig abstechen. In gerade siedendem Wasser 12 bis 15 Minuten gar ziehen lassen. Die Knödel mit der Schaumkelle herausnehmen, in Butterbröseln wenden und mit Puderzucker bestreuen. Auf einer vorgewärmten Platte anrichten. Das Kompott dazu servieren.

Vorbereitungszeit: 50 Minuten (ohne Ruhezeit)
Garzeit: 25-30 Minuten insgesamt
Pro Knödel (bei 14 Stück) etwa 12 g Eiweiß, 13 g Fett, 27 g Kohlenhydrate = 1188 Joule (284 Kalorien)

Klöße und Knödel dürfen nicht sprudelnd kochen, sondern nur sieden. Wenn das Wasser doch zu kochen beginnt, gibt man schnell einen Eiswürfel dazu.

Walnuß-
strudel und
Scheiter-
haufen. Rezepte
auf den S. 74/75

Walnußstrudel

Zum Foto auf Seite 73 (vorn)

Ergibt 14-16 Stücke:
Teig:
300 g Mehl
1 Prise Salz, 1 Prise Zucker
1 Ei (Gewichtsklasse 2)
Mehl zum Bearbeiten des Teiges
etwas Öl
Fett für das Blech
Füllung:
600 g Walnußkerne
100 g Löffelbiskuits
50 g Sultaninen
20 g Honig, 60 g Zucker
¼ l Milch
1 Tl dünn abgeriebene Zitronenschale einer unbehandelten Frucht
1 Tl Zimt
150 g Butter oder Margarine
30 g Puderzucker zum Bestäuben

Mehl, Salz, Zucker und das Ei in eine Schüssel geben. 100 ccm Wasser nach und nach darunterkneten. Den Teig auf einer bemehlten Arbeitsfläche mit den Handballen kräftig durcharbeiten, bis er glatt und geschmeidig geworden ist. Zu einer Kugel formen, mit Öl bepinseln, eine Schüssel darüberstülpen und eine Stunde ruhen lassen.
Inzwischen 400 g Walnußkerne durch die Mandelmühle drehen. Den Rest grob hacken. Die Löffelbiskuits zerbröseln und mit den gehackten Nüssen und den Sultaninen vermischen. Honig, Zucker und Milch aufkochen lassen. Zitronenschale, Zimt, gemahlene Nüsse und 50 g Butter oder Margarine unter die heiße Milchmischung rühren. Ein Geschirrhandtuch von ca. 80x45 cm Größe auf der Arbeitsfläche ausbreiten und leicht mit Mehl bestäuben. Den Teig vorsichtig von der Mitte nach außen auf 75x45 cm ausziehen: Das geht am leichtesten, wenn man beide Handflächen zwischen Teig und Geschirrhandtuch schiebt und den Teig leicht anhebt.
Die restliche Butter oder Margarine in einem Topf schmelzen lassen, die Hälfte davon auf den ausgezogenen Strudel streichen. Die Nußfüllung gleichmäßig daraufstreichen. Die Biskuit-Nuß-Mischung darüberstreuen. Den Teig von der schmalen Seite her aufrollen: dazu nur das Geschirrhandtuch etwas anheben.
Ein Backblech fetten und den Strudel mit der Nahtstelle nach unten diagonal auf das Backblech legen. Die Enden zusammendrücken. Den Strudel mit der restlichen flüssigen Butter oder Margarine bestreichen. Den Strudel auf der zweiten Einschubleiste von unten bei 200 Grad (Gas 3) 40 bis 50 Minuten backen. Den heißen Strudel mit Puderzucker besieben. Mit einem Sägemesser in Stücke schneiden, solange er noch warm ist, und mit Kaffeecreme servieren.

Vorbereitungszeit: 1¼ Stunden (ohne Ruhezeit)
Backzeit: 40-50 Minuten
Umluft: 50-55 Minuten bei 200 Grad
Pro Stück (bei 16 Stücken) etwa 9 g Eiweiß, 33 g Fett, 34 g Kohlenhydrate = 2031 Joule (486 Kalorien)

Kaffeecreme zum Walnußstrudel

Für 14-16 Portionen:
⅛ l Milch, 2 Eigelb
5 g Vanillepuddingpulver
⅛ l Schlagsahne
100 g Zucker oder
6 ml natreen-SÜSSE flüssig
1 Prise Salz
2 gehäufte El Kaffeepulver, z. B. Gold Mocca (fein gemahlen, weil das Pulver in der Creme bleibt)

3 El Milch mit Eigelb und Puddingpulver verrühren. Die restliche Milch mit Sahne, Zucker oder natreen und Salz zum Kochen bringen. Das Kaffeepulver darunterrühren und noch mal kurz aufkochen lassen. Das Puddingpulver-Eigelb-Gemisch mit einem Schneebesen darunterrühren und einmal aufkochen lassen. Die heiße Creme zum Walnußstrudel servieren.

Vorbereitungszeit: 10 Minuten
Garzeit: 5 Minuten
Pro Portion (bei 16 Portionen) etwa 1 g Eiweiß, 4 g Fett, 7 g Kohlenhydrate = 273 Joule (65 Kalorien)
Kalorienersparnis durch natreen pro Portion (bei 16 Portionen): 105 Joule (25 Kalorien)

Scheiterhaufen

Zum Foto auf Seite 73 (hinten)

Für 4 Portionen:
5 Brötchen vom Vortag (oder 10 Scheiben Weizentoastbrot)
70 g Butter, 500 g Äpfel
140 g Puderzucker oder
6 ml natreen-SÜSSE flüssig und
60 g Puderzucker
50 g Rosinen, 1 El Rum
1 Tl dünn abgeriebene Zitronenschale einer unbehandelten Frucht
1 Messerspitze Zimt, ½ l Milch
2 Eier (Gewichtsklasse 2)
1 Prise Salz
1 Pkt. Vanillinzucker
2 Eiweiß (Gewichtsklasse 2)
Puderzucker zum Bestäuben

Die Brötchen der Länge nach in ungefähr 1 cm dicke Scheiben schneiden und nebeneinander auf den Gitterrost des Backofens legen. Bei 200 Grad (Gas 3) auf der zweiten Einschubleiste von unten 5 bis 6 Minuten goldbraun rösten (das Toastbrot goldbraun toasten). 50 g Butter zerlassen und die gerösteten Brotscheiben damit beträufeln. Eine Auflaufform von ungefähr 1,5 l Inhalt mit der restlichen Butter ausfetten und mit der Hälfte der Brotscheiben auslegen. Die Äpfel schälen, vierteln, vom Kerngehäuse befreien und die Apfelviertel in dünne Spalten schneiden. Mit 80 g Puderzucker oder 6 ml natreen, Rosinen, Rum, Zitronenschale und Zimt vermengen. Das restliche Brot zerdrücken und daruntermischen. Die Masse in die ausgelegte Form füllen.

Milch, Eier, Salz und Vanillinzucker mit einem Schneebesen verquirlen und über die Äpfel gießen. Die Form 15 bis 20 Minuten stehenlassen, bis die Eiermilch vom Brot etwas aufgesogen ist. Den Scheiterhaufen bei 200 Grad (Gas 3) auf der zweiten Einschubleiste von unten 40 Minuten backen.

Das Eiweiß und 60 g Puderzucker mit den Quirlen des Handrührers zu steifem Schnee schlagen. Den Eischnee mit einem Eßlöffel auf die Oberfläche setzen, mit Puderzucker besieben und unter dem Grill oder bei starker Oberhitze goldbraun überbacken. Heiß in der Form servieren.

Vorbereitungszeit: 35-40 Minuten insgesamt
Garzeit: etwa 40-45 Minuten
Umluft: 30-40 Minuten bei 180 Grad
Pro Portion etwa 14 g Eiweiß, 22 g Fett, 98 g Kohlenhydrate = 2892 Joule (691 Kalorien)
Kalorienersparnis durch natreen pro Portion: 335 Joule (80 Kalorien)

Buchteln mit Vanillesauce

Für 4 Portionen:
500 g Mehl
1 Pkt. frische Hefe (42 g)
1/4 l Milch
60 g Zucker oder
4 ml natreen-SÜSSE flüssig
Salz
60 g Butterschmalz
abgeriebene Zitronenschale einer unbehandelten Frucht
1 Ei
Mehl zum Bearbeiten des Teiges
200 g Backpflaumen ohne Stein (24 Stück)
100 g Marzipanrohmasse
Butterschmalz für die Form
Puderzucker zum Bestäuben

Das Mehl in eine Schüssel häufen, in die Mitte eine Mulde drücken. Die Hefe in lauwarme Milch bröseln und darin auflösen. Zucker, eine Prise Salz, Butterschmalz in Flöckchen und Zitronenschale auf dem Mehlrand verteilen. Die Hefemilch in die Mulde geben. Das Ei zugeben, natreen erst jetzt zufügen. Alle Zutaten von der Mitte aus zu einem glatten Teig verkneten. Den Teig in eine Schüssel geben, mit Mehl bestäuben und zugedeckt so lange stehenlassen, bis der Teig sein Volumen verdoppelt hat. Die Backpflaumen längs einschneiden, jeweils ein Stück Marzipanrohmasse hineinstecken, dann die Backpflaumen wieder zusammendrücken. Den Teig auf der leicht bemehlten Arbeitsfläche zusammenkneten, zu einer Rolle formen und die Rollen in 24 gleich große Stücke schneiden. Die Stücke zu Kugeln formen und jeweils eine Backpflaume hineindrücken. Die Kugeln nebeneinander in eine gefettete Backform setzen und nochmals gehen lassen.
Im vorgeheizten Ofen bei 200 Grad (Gas 3) ungefähr 25 Minuten backen, sie sollen goldbraun werden. Mit Puderzucker bestäuben. Dazu Vanillesauce servieren (Rezept auf Seite 12).

Vorbereitungszeit: 40 Minuten
Garzeit: 25 Minuten
Umluft: 25-30 Minuten bei 175 Grad
Pro Portion etwa 21 g Eiweiß, 27 g Fett, 162 g Kohlenhydrate = 4070 Joule (973 Kalorien)
Kalorienersparnis durch natreen pro Portion: 251 Joule (60 Kalorien)

Haselnußnockerln

Für 6-8 Portionen:
200 g Haselnußkerne
50 g Mehl, 4 El Schlagsahne
Salz, 60 g Zucker
4 Eier, 2 große Äpfel
3 El Zitronensaft, 1 große Orange
1/8 l Orangenlikör, 60 g Butter

150 g Haselnüsse mahlen, 50 g vierteln. Gemahlene Nüsse in einer Pfanne ohne Fett anrösten, dann mit Mehl, Sahne, je 1 Prise Salz und Zucker und 2 Eiern verquirlen. Zehn Minuten ausquellen lassen, dann die restlichen Eier unterrühren. Mit zwei Eßlöffeln Nockerln daraus formen. In schwach gesalzenem, kochendem Wasser zehn Minuten ziehen lassen, dann warm stellen.

Äpfel schälen und vierteln, vom Kerngehäuse befreien, in Spalten schneiden und mit Zitronensaft beträufeln. Halbe Orange dünn abschälen, Schale in feine Streifen schneiden, beide Orangenhälften auspressen. Restlichen Zucker zu Karamel schmelzen lassen, Äpfel, Orangenschale und Orangensaft 3-5 Minuten bei milder Hitze darin garen lassen, dabei Äpfel einmal wenden. Sobald der Sirup dickflüssig wird, den Likör zugießen und einmal aufkochen lassen. Die Äpfel herausnehmen, mit den Nockerln auf den Tellern verteilen. Die Butter in der heißen Sauce schmelzen lassen, Haselnußviertel unterrühren und über die Äpfel und die Nockerln geben.

Vorbereitungszeit: 20 Minuten
Garzeit: 12-15 Minuten insgesamt
Pro Portion (bei 8 Portionen) etwa 9 g Eiweiß, 28 g Fett, 28 g Kohlenhydrate = 1703 Joule (407 Kalorien)

Sauerkirschstrudel

Ergibt 14-16 Stücke:
Strudelteig:
300 g Mehl
1 Prise Salz, 1 Prise Zucker
1 Ei (Gewichtsklasse 2), 1 El Öl
Mehl zum Bestäuben und Fett fürs Backblech
Füllung:
1,5 kg Sauerkirschen
1 Paket Zwieback (225 g)
150 g Butter, 120 g Mandelstifte
80 g Zucker, 1/2 Tl Zimt
1 Tl abgeriebene Schale einer unbehandelten Zitrone

Das Mehl auf die Arbeitsfläche schütten und in die Mitte eine Mulde drücken.
100 ccm Wasser, Salz, Zucker, Ei und Öl in die Mulde geben. Von der Mitte aus alle Zutaten zu einem Teig verkneten. Den Teig mit dem Handballen so lange kräftig bearbeiten, bis er glatt und geschmeidig ist. Zu einer Kugel formen, mit Öl einpinseln, eine Schüssel darüberstülpen und mindestens 30 Minuten kühl stellen. In der Zwischenzeit die Sauerkirschen entsteinen und den Zwieback in kleine Würfel schneiden. 100 g Butter in einer Pfanne schmelzen und die Zwiebackwürfel kurz anrösten. Dabei mehrmals wenden. Die Mandelstifte in einer Pfanne ohne Fett bei milder Hitze rundherum goldbraun rösten. Ein Geschirrhandtuch auf der Arbeitsfläche ausbreiten und mit Mehl bestäuben. Darauf den Strudelteig zu einem Rechteck von 35x20 cm ausrollen. Abdecken, 8-10 Minuten ruhen lassen.
Dann mit den Händen auf 48x35 cm ausziehen.
Kirschen, Zwiebackwürfel, Mandelstifte, Zucker, Zimt und Zitronenschale mischen und gleichmäßig auf dem Teig verteilen. Dabei an einer Längsseite 4-5 cm und an den beiden Schmalseiten 2-3 cm frei lassen. Die freie Längsseite mit Wasser bepinseln.
Das Geschirrhandtuch an der mit der Obst-Zwieback-Mischung bedeckten Längsseite anheben, den Teig aufrollen und an den beiden Enden andrücken. Ein Backblech einfetten. Den Strudel vorsichtig hochnehmen und mit der Nahtstelle nach unten diagonal auf das Blech legen. Im vorgeheizten Backofen bei 200 Grad (Gas 3) 40-45 Minuten backen. Zwischendurch mit der restlichen Butter bepinseln. Den Strudel noch warm servieren, mit Vanillinzucker gesüßte Schlagsahne dazu reichen.

Vorbereitungszeit: 1 Stunde
Garzeit: 40-45 Minuten
Umluft: 50-55 Minuten bei 200 Grad
Pro Portion (bei 16 Stücken) etwa 6 g Eiweiß, 14 g Fett, 41 g Kohlenhydrate = 1372 Joule (330 Kalorien)

Unser Tip: Strudelteig soll dünn ausgezogen, aber nicht zu fest gewickelt werden, weil er sonst reißt. Die Enden muß man gut verschließen, damit die Füllung nicht herausquillt: Dazu drückt man die Teigränder zusammen und schiebt sie unter den Strudel.
Wenn das Backblech zu klein ist, um den Strudel längs darauf zu legen, paßt er bestimmt diagonal darauf.
Achtung: Beim Strudel lassen sich frische Früchte nicht durch tiefgefrorene ersetzen, dadurch wird der Strudel matschig.

Apfelknödel mit Zwetschgen und Zimtbutter

Für 4 Portionen:
Kompott:
500 g Zwetschgen, 1/8 l Rotwein
Zimt, 2 El Zucker oder
2 ml natreen-SÜSSE flüssig
Knödel:
60 g Butter oder Margarine
50 g Zucker oder
3 ml natreen-SÜSSE flüssig, Salz
125 g Mehl
3 Eier, 1 Eigelb
2 Äpfel (ca. 350 g)
Schale von 1/2 Zitrone (unbehandelt)
4 El Zucker oder
3 ml natreen-SÜSSE flüssig
Zimtbutter:
75 g Butter, Zimt

Für das Kompott die Zwetschgen entsteinen und mit Wein, etwas Zimt und dem Zucker oder natreen im geschlossenen Topf 10 Minuten leise kochen lassen. Danach noch einmal abschmecken.
Für die Knödel inzwischen 1/4 l Wasser mit Butter oder Margarine, Zucker oder natreen und Salz zum Kochen bringen. Das Mehl auf einmal hineinschütten, die Masse auf dem Herd so lange rühren, bis sich ein Kloß bildet und vom Topfboden löst. Topf vom Herd nehmen und die Eier und das Eigelb nach und nach unterrühren.
Die Äpfel schälen, vierteln, entkernen, die Viertel zuerst in dünne Scheiben, dann in Würfel schneiden. Zusammen mit etwas abgeriebener Zitronenschale unter den Teig rühren. Etwa 2 1/2 l Wasser mit 1 gestrichenen Tl Salz, 4 El Zucker oder natreen und einem Stück dünn abgeschnittener Zitronenschale zum Kochen bringen. Aus dem Teig mit 2 Eßlöffeln Klöße abstechen und portionsweise in der leise siedenden Flüssigkeit im geschlossenen Topf 7 Minuten ziehen lassen.
Während die Klöße garen, Butter in einer Pfanne hellbraun werden lassen und Zimt nach Geschmack darunterrühren. Knödel mit einer Schaumkelle herausheben, mit Butter beträufeln und mit Kompott sofort servieren.

Vorbereitungszeit: 1 Stunde
Garzeit: pro Knödelportion 7 Minuten
Pro Portion etwa 10 g Eiweiß, 35 g Fett, 93 g Kohlenhydrate = 3293 Joule (787 Kalorien)
Kalorienersparnis durch natreen pro Portion: 586 Joule (140 Kalorien)

Unser Tip: Die Apfelknödel sollten Sie unbedingt portionsweise kochen und dann sofort servieren, weil sie rasch zusammenfallen. Das Kompott schmeckt heiß oder lauwarm am besten.

Schneiderfleck

Für 4 Portionen:
250 g Mehl
20 g Hefe
40 g Zucker oder 10 g Zucker und
2 ml natreen-SÜSSE flüssig
ca. 1/8 l Milch (lauwarm)
60 g Butter, 1 Prise Salz
1 kleines Ei
Zum Bestreichen:
80 bis 100 g Butter
Zum Bestreuen:
etwas Puderzucker

Mehl in eine Schüssel geben, in die Mitte eine Mulde drücken. Die Hefe hineinbröseln, mit 10 g Zucker und etwas lauwarmer Milch verrühren, Schüssel mit einem Tuch abdecken und den Vorteig etwa 10 Minuten gehenlassen. Den restlichen Zucker oder natreen, die Butter, Salz, Ei und restliche Milch dazugeben und alles zu einem glatten Teig verkneten. Teig noch mal 30 Minuten gehenlassen. Inzwischen eine feuerfeste, rechteckige Form mit Butter ausstreichen. Den Hefeteig 1 cm dick ausrollen, in viereckige Teigstücke in Größe einer Kinderhand schneiden. Schuppenartig in die Form legen, dabei die Oberseite immer mit reichlich flüssiger Butter einpinseln. Bei 200 Grad (Gas 3) etwa 30 Minuten backen. Zum Essen aus der Form stürzen, mit der Gabel zerreißen und mit Puderzucker bestreuen. Noch warm mit Zwetschgenkompott servieren.

Vorbereitungszeit: 1 Stunde
Garzeit: 30 Minuten
Umluft: 30-35 Minuten bei 175 Grad
Pro Portion ca. 10 g Eiweiß, 44 g Fett, 63 g Kohlenhydrate = 2562 Joule (612 Kalorien)
Kalorienersparnis durch natreen pro Portion: 126 Joule (30 Kalorien)

Hefeklöße in Weinschaumsauce

Für 4 Portionen:
Teig:
250 g Mehl, 20 g Hefe
75 g Zucker oder 4 ml natreen-SÜSSE flüssig und 25 g Zucker
50 g Butter
½ l Milch, 1 Ei
20 g Zitronat
20 g Orangeat, Salz
Zum Garnieren:
100 g weiße Schokolade
6 Tl Zucker, 1 Tl Zimt
30 g Mandelblättchen
30 g Mohn (ungemahlen)
8 frische Minzblätter
Sauce:
3 Eigelb (Gew.-Kl. 4)
50 g Zucker
100 ccm Weißwein
2 cl Kirschwasser

Mehl in eine Schüssel geben, in die Mitte eine Mulde drücken. Hefe hineinbrökkeln und 50 g Zucker oder 4 ml natreen darüberstreuen. 25 g Butter in 125 ccm lauwarmer Milch auslösen, auf die Hefe gießen und mit dem Ei verrühren. Diesen Vorteig zugedeckt 15 Minuten gehen lassen. Zitronat, Orangeat und Salz in den Vorteig geben. Alles mit einem Holzlöffel zu einem glatten Teig verkneten und noch einmal zugedeckt 20 Minuten gehen lassen. 24 Klöße aus dem Teig formen und zugedeckt noch einmal 10 bis 15 Minuten gehen lassen.

Inzwischen die restlichen 25 g Zucker in einem breiten, flachen Topf karamelisieren (schmelzen), die restliche Butter darin auflösen, die restliche Milch zugießen und zum Kochen bringen. Die kleinen Klöße mit einer Kelle in die Milch setzen. Ein feuchtes Tuch um den Topfrand wikkeln. Deckel fest auf den Topf drücken. Die Knödel bei milder Hitze 20 Minuten garen, ohne den Topf zu öffnen!

Inzwischen die Schokolade bei sehr milder Hitze und unter Rühren auflösen. Zucker mit Zimt mischen. Mandelblättchen ohne Fett goldbraun rösten. Die Klöße vorsichtig mit der Schaumkelle aus dem Topf heben, damit sie nicht einreißen. Jeweils 8 Klöße in die weiße Schokolade tauchen, 8 in der Zucker-Zimt-Mischung und 8 im Mohn wälzen.

Für die Sauce Eigelb mit Zucker, Weißwein und Kirschwasser in einem Topf verrühren und über dem Wasserbad zu einer dicklich-schaumigen Creme aufschlagen.

Zum Anrichten auf jeden Teller einen Spiegel aus Weinschaumsauce gießen, jeweils 2 Klöße von jeder Sorte hineinsetzen, mit Mandelblättchen bestreuen und mit Minzblättern garnieren.

Vorbereitungszeit: 60 Minuten
Gehzeit für den Teig: 45 Minuten
Garzeit: 20 Minuten
Pro Portion etwa 20 g Eiweiß, 35 g Fett, 113 g Kohlenhydrate = 3748 Joule (895 Kalorien)
Kalorienersparnis durch natreen pro Portion: 209 Joule (50 Kalorien)

Unser Tip: Hefeklöße müssen im geschlossenen Topf gegart werden, damit sich genügend Dampf bildet. Die Hefeklöße werden sofort aufgerissen, wenn sie auf dem Teller liegen, damit der Dampf entweichen kann. Andernfalls fallen die Klöße zusammen.

Milchrahmstrudel

Für 4-6 Portionen:
Teig:
150 g Mehl, 1 El Öl
Salz, Mehl zum Ausrollen
Öl zum Bestreichen
50 g Butter
Füllung:
2 Eier (Gew.-Kl. 2)
200 g Magerquark
50 g weiche Butter
50 g Zucker oder
4 ml natreen-SÜSSE flüssig
100 g saure Sahne, Salz
1 Pkt. Vanillinzucker
1 Tl abgeriebene Schale einer unbehandelten Zitrone
30 g Rosinen, 20 g Mehl
Eiermilch:
1/8 l Milch, 15 g Zucker oder
1 ml natreen-SÜSSE flüssig
1 Prise Salz, 1 Ei
Vanillesauce:
1/2 l Milch, 50 g Zucker oder
4 ml natreen-SÜSSE flüssig
Salz, 4 Eigelb (Gew.-Kl. 2)
1 Tl Vanillepuddingpulver

Für den Teig das Mehl auf die Arbeitsplatte geben und eine Mulde hineindrükken. Öl, Salz und 75 ccm (etwa 8 El) Wasser in die Mulde geben. Die Zutaten zu einem glatten, geschmeidigen Teig verkneten, auf einen bemehlten Teller legen, mit Öl bestreichen und etwa 1/2 Stunde ruhen lassen. Eine nicht zu breite feuerfeste Form (am besten 45 cm lang) mit 20 g Butter ausfetten.

Für die Füllung die Eier trennen. Den Quark in einem Tuch auspressen. Butter und Zucker oder natreen schaumig rühren, Eigelb dazugeben. Quark und saure Sahne, dann Salz, Vanillinzucker, Zitronenschale, Rosinen und Mehl unterrühren.

Den Teig auf einem bemehlten Geschirrtuch 20 x 20 cm ausrollen. Die Handflächen darunterschieben und vorsichtig von der Mitte aus auf eine Größe von 40 x 45 cm ausziehen. Eiweiß steif aufschlagen, unter die Quarkmasse heben, dann auf den vorbereiteten Strudelteig streichen. Dabei an den Schmalseiten je 3 cm freilassen. Den Teig durch Anheben des Geschirrtuches von der Längsseite her aufrollen, die Enden gut zusammendrücken. Die Rolle in die vorbereitete Form legen, mit der restlichen flüssigen Butter bestreichen. Im vorgeheizten Backofen bei 175 Grad (Gas 2) auf der untersten Einschubleiste 15 Minuten backen.

Für die Eiermilch die Milch mit Zucker oder natreen und Salz erhitzen. Das Ei mit dem Schneebesen gut verquirlen, die heiße Milch darunterschlagen. Nach 15 Minuten Backzeit über den Strudel gießen und weitere 35 bis 40 Minuten bakken.

15 Minuten vor Ende der Backzeit für die Vanillesauce die Milch mit Zucker oder natreen und Salz aufkochen. Eigelb mit dem Puddingpulver verrühren, 1/3 der kochenden Milch unterrühren, mit dem Schneebesen in die restliche Milch rühren (nicht kochen lassen!). Den Strudel mit warmer Vanillesauce servieren.

Vorbereitungszeit: 60 Minuten
Garzeit: insgesamt 50 bis 55 Minuten
Umluft: 55-60 Minuten bei 175 Grad
Pro Portion (bei 6 Portionen) etwa 18 g Eiweiß, 31 g Fett, 36 g Kohlenhydrate = 2458 Joule (587 Kalorien)
Kalorienersparnis durch natreen pro Portion (bei 6 Portionen): 322 Joule (77 Kalorien)

Böhmischer Kaiserschmarren

Für 6 Portionen:
Kompott:
50 g Rosinen, 3 El Rum
250 g Sauerkirschen
100-125 g Zucker oder 4-5 ml natreen-SÜSSE flüssig und 50 g Zucker
1/8 l Weißwein
50 g Butter
Teig:
6 Eier (Gewichtsklasse 2)
60 g Zucker oder
4 ml natreen-SÜSSE flüssig
1 Prise Salz
1 Tl dünn abgeriebene Zitronenschale einer unbehandelten Frucht
4 El Schlagsahne
65 g Mehl
50 g Butter
1 El Orangenlikör zum Beträufeln
1 El Puderzucker zum Bestäuben
evtl. 1 Zweig Zitronenmelisse

Am Vortag Rosinen in Rum einweichen und eine Nacht abgedeckt ziehenlassen. Außerdem Sauerkirschen entsteinen und mit 50-75 g Zucker oder natreen in dem Weißwein blanchieren, kühl stellen. Dann den Kaiserschmarren herstellen. Dafür Eier mit Zucker oder natreen, Salz, Zitronenschale, Schlagsahne verquirlen, dann das Mehl zugeben. Den Teig ungefähr 30 Minuten ausquellen lassen. In einer großen Pfanne bei mittlerer Hitze die Butter zerlaufen lassen. Den Teig einfüllen und stocken lassen. Den gestockten Teig mit zwei Gabeln grob zerzupfen, unter Wenden fertig braten. Auf einer Platte anrichten und im Backofen warm stellen. Dann in einem Topf das Kompott fertig machen. Hierfür die 50 g Butter erhitzen, 50 g Zucker darin karamelisieren lassen. Abgetropfte Kirschen und Rosinen unterrühren und mit dem Sauerkirschsaft-Wein-Gemisch ablöschen. Das Kompott über den Kaiserschmarren schütten, mit Likör beträufeln und mit Puderzucker bestäuben, evtl. mit ein paar Blättchen Zitronenmelisse garnieren und sofort servieren.

Vorbereitungszeit: 25-30 Minuten
Garzeit: 6-8 Minuten (für den Schmarren)
Pro Portion etwa 9 g Eiweiß, 23 g Fett, 52 g Kohlenhydrate = 2280 Joule (545 Kalorien)
Kalorienersparnis durch natreen pro Portion: 335 Joule (80 Kalorien)

Aprikosenstrudel mit Vanillesauce

Für etwa 14 Stücke:
Teig:
250 g Weizenmehl
30 ccm Öl, 1 Prise Salz
Mehl zum Bearbeiten des Teiges
Öl zum Bestreichen
Füllung:
2 kg frische Aprikosen
2 El Aprikosenlikör
200 g Makronen, 100 g Zwiebäcke
60 g weiche Butter oder Margarine
1 Pkt. Vanillinzucker und
30-50 g Zucker zum Bestreuen
Vanillesauce:
Für etwa ½ l:
¼ l Schlagsahne, 50 g Zucker
4 Eigelb, 10 g Speisestärke
1 Vanilleschote, 1 Prise Salz

Das Mehl auf die Arbeitsfläche schütten und in die Mitte eine Mulde drücken. Öl, 125 ccm kaltes Wasser und Salz in die Mulde geben. Alle Zutaten zu einem Teig verkneten. Den Teig auf der bemehlten Arbeitsfläche kräftig durcharbeiten, bis er glatt und geschmeidig ist. Den Teig zu einer Kugel formen, mit Öl bestreichen und unter einer umgedrehten Schüssel bei Küchentemperatur 30-40 Minuten ruhen lassen.

In der Zwischenzeit die Aprikosen portionsweise kurz in kochendes Wasser geben. Mit der Schaumkelle herausheben und mit kaltem Wasser abschrecken. Die Aprikosen häuten, halbieren und den Stein herauslösen. Die Hälften noch einmal halbieren, mit Aprikosenlikör beträufeln und gut durchmischen. Makronen und Zwiebäcke in einen Gefrierbeutel geben. Mit der Küchenrolle darüberfahren und grob zerdrücken.

Ein Geschirrtuch auf der Arbeitsfläche ausbreiten und mit Mehl bestäuben. Den Strudelteig darauf zu einem Rechteck von 30x20 cm ausrollen, dann mit den Händen zu einer Größe von 50x40 cm ausziehen.

Die zerdrückten Makronen und Zwiebäcke gleichmäßig auf den Teig streuen. Die Aprikosenspalten darauf verteilen. Die Teigplatte von der Längsseite her locker aufrollen, dabei das Geschirrtuch anheben. Die Strudelenden zusammendrücken und unter den Strudel schieben. Ein Blech mit Backtrennpapier belegen. Den Strudel mit der Nahtstelle nach unten diagonal darauflegen. Strudel mehrmals mit einer Gabel einstechen. Auf der zweiten Einschubleiste von unten bei 200 Grad (Gas 3) 40-45 Minuten backen. Zwischendurch mit 30 Gramm weicher Butter oder Margarine bestreichen. Vanillinzucker und Zucker mischen. Den heißen Strudel mit der restlichen Butter oder Margarine bestreichen, mit dem Zucker bestreuen. Lauwarm mit Vanillesauce servieren.

Für die Vanillesauce die Sahne mit ¼ l Wasser mischen. Davon ⅛ l abnehmen und mit Zucker, Eigelb und Speisestärke verquirlen. Vanilleschote der Länge nach aufschneiden. Die ⅜ l mit Salz und der aufgeschnittenen Vanilleschote zum Kochen bringen. Die Schote herausnehmen, die angerührte Sahne mit dem Schneebesen unterrühren und kochen, bis die Sauce dicklich wird. Die Vanillesauce lauwarm zum Strudel servieren.

Vorbereitungszeit: 40-50 Minuten
Backzeit: 40-45 Minuten
Umluft: 40-45 Minuten bei 200 Grad
Vorbereitungszeit für die Vanillesauce:
10 Minuten, Garzeit: 6-8 Minuten
Pro Portion etwa 6 g Eiweiß, 17 g Fett, 50 g Kohlenhydrate = 1673 Joule (402 Kalorien)

Mohnbuchteln mit Aprikosenlikörsauce

Für 4 Portionen:
350 g Heidelbeeren
120 g Zucker oder 7 ml natreen-SÜSSE flüssig und 20 g Zucker
1 Blatt weiße Gelatine
1 Vanilleschote, ¼ l Schlagsahne
6 Eigelb (Gewichtsklasse 3)
4 cl Aprikosenlikör
250 g Mehl, 1 Prise Salz
⅜ l Milch, 15 g Hefe
25 g weiche Butter, ½ Tl Zimt
100 g frisch gemahlener Mohn
30 g gehackte Mandeln
1 Tl abgeriebene Schale einer unbehandelten Zitrone
Mehl für die Arbeitsfläche
Fett für die Form

Die Heidelbeeren verlesen, kurz kalt abspülen und gut abtropfen lassen. Mit 30 g Zucker bestreuen oder 2 ml natreen beträufeln, kühl stellen.

Für die Sauce die Gelatine in kaltem Wasser einweichen. Die Vanilleschote längs aufschneiden und das Mark herauskratzen. Mark und Schote langsam in der Sahne erhitzen.

Drei Eigelb mit 30 g Zucker oder 2 ml natreen cremig aufschlagen. Wenn die Sahne fast kocht, die Vanilleschote herausnehmen und die Sahne nach und nach unter die Eimasse rühren. Im Wasserbad oder auf der Automatik-Platte, Stufe 3-4, unter Rühren erhitzen, bis die Masse dicklich-cremig ist. Vom Herd nehmen, den Aprikosenlikör unterrühren, die Gelatine darin auflösen und die Sauce kühl stellen.

Für die Buchteln das Mehl und Salz in eine Schüssel geben, ⅛ l Milch mit 20 g Zucker erwärmen, die zerbröckelte Hefe darin auflösen und in die Schüssel gießen. Zwei Eigelb und die Butter dazugeben, alles zu einem elastischen Teig verkneten. Zu einer Kugel formen, zudekken und ungefähr 20 Minuten an einem warmen Ort gehen lassen, bis sich das Teigvolumen verdoppelt hat.

Inzwischen die Füllung zubereiten: Einen Eßlöffel von der Milch abnehmen, mit dem restlichen Eigelb verrühren und beiseite stellen. Die restliche Milch mit dem restlichen Zucker oder 3 ml natreen und dem Zimt aufkochen. Den Mohn hineinstreuen und nochmals aufkochen lassen. Die Mandeln (bis auf einen Eßlöffel) und die Zitronenschale unterrühren und die Masse auf einem großen Teller ausstreichen.

Den Teig kurz zusammenkneten und zu einer Rolle formen. Fünf Minuten unter einem Küchentuch ruhen lassen. Dann in acht Stücke schneiden, auf einer bemehlten Arbeitsfläche zu runden Teigplatten von ungefähr zwölf Zentimeter Durchmesser auseinanderdrücken. Die Füllung darauf verteilen, die Teigränder über der Füllung zusammendrücken. Zu Kugeln formen und dicht nebeneinander mit der Nahtstelle nach unten in eine leicht ausgefettete Form setzen. Mit der Eiermilch bepinseln und mit den restlichen Mandeln bestreuen. Auf der untersten Einschubleiste bei 200 Grad (Gas 3) 25 Minuten backen, bis die Buchteln goldbraun sind. Heiß mit der Sauce und den Heidelbeeren servieren.

Vorbereitungszeit: 1 Stunde insgesamt
Garzeit: 25 Minuten
Umluft: 25-30 Minuten bei 175 Grad
Pro Portion etwa 24 g Eiweiß, 50 g Fett, 111 g Kohlenhydrate = 4337 Joule (1037 Kalorien)
Kalorienersparnis durch natreen pro Portion: 418 Joule (100 Kalorien)

CRÊPES UND PFANNKUCHEN

Über Pfannkuchen gibt es unendlich viele Geschichten. Auf die berühmteste erheben gleich mehrere Regionen Anspruch, nämlich Schleswig-Holstein, Niedersachsen und Westfalen. Sogar die Norweger behaupten, sie erfunden zu haben: Es ist „Der dicke fette Pfannkuchen". In diesem Märchen tun sich drei alte Weiber zusammen — eines gibt das Ei, das zweite die Milch, das dritte Fett und Mehl — und backen einen Pfannkuchen. Aber kaum ist er fertig, springt er ihnen aus der Pfanne und läuft kantapper kantapper in den Wald hinein. Dort läßt er sich weder vom Häschen Wippsteert, noch vom Wolf Dicksteert oder vom Reh Blixsteert fressen und auch nicht vom Schwein Schmierulein. Erst als er die drei hungrigen Waisenkinder trifft, springt er in ihren Korb.
Damit es Ihnen nicht so geht wie all den Tieren des Waldes: Backen Sie sich Ihren dicken fetten Pfannkuchen lieber selber. Und schließen Sie vorher Türen und Fenster, damit er Ihnen nicht entkommt. So wie den drei alten Weibern.

Sesampfannkuchen, gefüllt mit Pflaumenmus.
Rezept auf S. 98

Sesampfannkuchen mit Pflaumenmus

Zum Foto auf Seite 97

Für 6 Portionen:
100 g Mehl
3 Eier (getrennt)
75 g Sesam (geröstet)
3/8 l Milch
2 El Zimt
25 g Zucker
1 Paket Vanillinzucker
Salz
ca. 60 g Butterschmalz zum Braten
ca. 6 El Pflaumenmus zum Bestreichen

Aus Mehl, Eigelb, 50 g Sesam, Milch, Zimt, Zucker, Vanillinzucker und einer Prise Salz einen Pfannkuchenteig bereiten. Eiweiß steif schlagen und unter die Masse heben. Butterschmalz in 2 Pfannen gleichzeitig erhitzen, etwas Masse einfüllen, fest werden lassen und dann mit Sesam bestreuen. Gestockte Pfannkuchen wenden und die zweite Seite braten. 4 weitere Pfannkuchen braten. Fertige Pfannkuchen mit Pflaumenmus bestreichen und sofort servieren.

Vorbereitungszeit: 10 Minuten
Garzeit: 3-4 Minuten pro Seite eines Pfannkuchens, insges. ca. 24 Minuten
Pro Portion etwa 9 g Eiweiß, 22 g Fett, 42 g Kohlenhydrate = 1669 Joule (399 Kalorien)

Kalifornischer Pfannkuchen

Zum Foto rechts

Für 4-6 Portionen:
50 g Butter oder Margarine
5 Eier (Gew.-Kl. 2)
185 g Mehl
300 ccm Milch
Salz
250 g Erdbeeren
1 Dose Lychees (280 g Einw.)
2 Pakete Vanillinzucker

Butter oder Margarine in eine große, ofenfeste Pfanne (zum Beispiel eine Paella-Pfanne) geben und im vorgeheizten Backofen bei 200-225 Grad (Gas 3-4) schmelzen lassen. Währenddessen die Eier mit den Quirlen des Handrührers auf höchster Stufe schaumig schlagen, Mehl, Milch und eine Prise Salz zugeben. Masse in die heiße Pfanne gießen und im Backofen etwa 30 Minuten backen. In der Zwischenzeit die Erdbeeren waschen, putzen, halbieren, Lychees abtropfen lassen. Die Früchte mit dem Vanillinzucker mischen. Der Pfannkuchen wölbt sich während des Backens zu einer Schüssel auf. In diese schüsselförmige Höhlung den Obstsalat füllen. Sofort servieren.

Vorbereitungszeit: 10 Minuten
Garzeit: ca. 30 Minuten
Umluft: 30-35 Minuten bei 200 Grad
Pro Portion (bei 6 Portionen) etwa 11 g Eiweiß, 14 g Fett, 38 g Kohlenhydrate = 1433 Joule (343 Kalorien)

Crêpes mit Erdbeeren und Erdbeereis

Für 6 Portionen:
50 g Mehl
1 El Zucker, 1 Prise Salz
abgeriebene Schale 1 Zitrone (unbehandelt)
1/8 l Milch
500 g Erdbeeren
1 Paket Vanillinzucker
30 g Mandelblättchen
1 Ei, 1 Eigelb
60 g Butter, 4 El Cognac
2-3 El Johannisbeergelee
1 Paket Erdbeereis (500 ccm)

Mehl mit Zucker, Salz, Zitronenschale und Milch gut verrühren und 15 Minuten ausquellen lassen. Die Erdbeeren kurz waschen, putzen, halbieren und mit Vanillinzucker bestreuen. Die Mandelblättchen in einer Pfanne ohne Fett goldbraun rösten. Ei und Eigelb unter den ausgequollenen Crêpe-Teig rühren. In jeweils 10 g Butter in einer Pfanne nacheinander 6 Crêpes backen und einzeln auf Teller legen. Den Cognac etwas erwärmen, anzünden und brennend über die Erdbeeren gießen. Johannisbeergelee erwärmen, die Erdbeeren darin schwenken, bis sie vom Gelee überzogen sind. Die Erdbeeren auf die Crêpes geben, je eine Seite überschlagen und die Mandelblättchen darüberstreuen. Je eine Portion Erdbeereis dazugeben, sofort servieren.

Vorbereitungszeit: 25 Minuten
Garzeit: 15 Minuten
Pro Portion etwa 7 g Eiweiß, 16 g Fett,
40 g Kohlenhydrate = 1517 Joule (363 Kalorien)

Crêpes mit Ananas und Mandeln in Orangensauce

Für 6-8 Portionen:
50 g gehobelte Mandeln
1 Orange (mit unbehandelter Schale)
2 Tl Speisestärke
¼ l frisch gepreßter Orangensaft
1 El Zucker
2 cl Orangenlikör (z. B. Grand Marnier)
1 große Ananas (ca. 1,2 kg)
125 g Mehl
Salz
2 Eier
¼ l Milch
45 g Butter
50 ccm Öl
30 g Puderzucker

Eine kleine Pfanne ohne Fett erhitzen, die Mandeln hineingeben und unter ständigem Rühren goldbraun werden lassen, dann gleich aus der Pfanne schütten. Die unbehandelte Orange heiß waschen, abtrocknen, die Schale abreiben. Die Orange wie einen Apfel schälen, auch die weiße Haut mit abschneiden, über einer Schüssel die Filets aus den Trennhäuten schneiden. Die Speisestärke mit wenig kaltem Wasser anrühren. Die abgeriebene Orangenschale, Orangensaft, Zukker und 1 cl Orangenlikör zusammen aufkochen. Die angerührte Speisestärke langsam hineingießen und mit dem Schneebesen verrühren. Einmal kräftig aufkochen lassen, dann zum Abkühlen beiseite stellen.

Die Ananas am Schopf festhalten und mit einem scharfen Messer quer in 1 cm dicke Scheiben schneiden. Die Schale entweder abschneiden oder mit einem großen Ausstecher aus Metall abstechen. Mit einem kleinen Ausstecher den harten Strunk aus der Mitte der Scheiben herausstechen.

Für die Crêpes das Mehl mit 1 Prise Salz in eine Schüssel geben, eine Vertiefung hineindrücken, die Eier aufschlagen und hineingeben. Nach und nach mit dem Mehl verrühren, dabei auch die Milch dazugießen. Den Teig so lange schlagen, bis er glatt ist, dann 15 g zerlassene Butter und den restlichen Orangenlikör daruntermischen. Eine kleine Pfanne dünn mit Öl auspinseln und erhitzen, eine kleine Kelle voll Teig hineingeben, verlaufen lassen und von beiden Seiten goldbraun backen. Nebenbei in einer weiteren Pfanne restliche Butter schmelzen und die Ananasscheiben darin von beiden Seiten kurz anbraten.

Je einen Crêpe auf einen Teller gleiten lassen und je eine Hälfte mit Ananasscheiben und Mandeln belegen. Die Crêpes zuklappen, mit Puderzucker bestäuben, die Orangenfilets dazulegen und die Orangensauce darübergießen.

Vorbereitungszeit: 50 Minuten
Garzeit: 20 Minuten
Pro Portion (bei 8 Portionen) etwa 6 g Eiweiß, 17 g Fett, 35 g Kohlenhydrate = 1338 Joule (320 Kalorien)

Unser Tip: Welches Fett sollen Sie nehmen? Viele bevorzugen neutrales Öl oder Pflanzenfett. Butter oder Margarine bräunen besser, verbrennen aber bei längerer Erhitzung auch leicht (deshalb die Pfanne öfter zwischendurch mit Küchenkrepp auswischen). Hauchdünne Crêpes, deren Teig mit Butter oder Öl angerührt wurde, werden in der nur leicht mit Fett ausgeriebenen Spezialpfanne gebacken. Sie werden zum Schluß zu Vierteln zusammengefaltet und anschließend mit angewärmtem, hochprozentigem Alkohol flambiert.

Speck-Apfel-Pfannkuchen mit Sirup

Ergibt 6 Stück:
200 g Mehl, 1/2 l Milch
250 g durchwachsener Speck (in Scheiben, ohne Schwarte)
1 kg Äpfel,1 El Zitronensaft
5 Eier, Salz, Zucker
Butterschmalz zum Braten
heller Sirup zum Beträufeln
Puderzucker zum Bestäuben

Mehl in einer Schüssel mit Milch verrühren. 30 Minuten ausquellen lassen. Den Speck in 4 cm große Stücke schneiden. Die Äpfel schälen, vierteln und vom Kerngehäuse befreien. In Spalten schneiden, mit Zitronensaft beträufeln, zudekken und beiseite stellen. Die Eier nach und nach mit dem Teig verrühren, mit Salz und Zucker würzen.

Für jeden Pfannkuchen Butterschmalz in einer Pfanne heiß werden lassen, einige Speckstücke von beiden Seiten darin knusprig braten, dann so viel Teig einfüllen, daß der Pfannenboden gut bedeckt ist. Einige Apfelspalten darauflegen. Den Pfannkuchen bei mittlerer Hitze so lange braten, bis die Unterseite goldbraun ist. Dann einen entsprechend großen, flachen Deckel auf die Pfanne legen, den Pfannkuchen darauf stürzen und mit der Apfelseite wieder in die Pfanne gleiten lassen. Den Pfannkuchen noch mal kurz braten, dann wieder stürzen und mit der Apfelseite nach oben auf einem Teller anrichten. Mit dem Sirup beträufeln und mit Puderzucker bestäuben.

Vorbereitungszeit: 1 Stunde, 10 Minuten (inkl. Ausquellen des Teigs)
Garzeit: 8 Minuten pro Pfannkuchen
Pro Pfannkuchen etwa 47 g Eiweiß, 38 g Fett, 58 g Kohlenhydrate = 2876 Joule (687 Kalorien)

APP

Mandelomelett mit Beeren- und Vanillesauce

Für 4 Portionen:

Beerensauce:

250 g frische Himbeeren (ersatzw. tiefgekühle Himbeeren), 70 g Zucker
1/8 l dunkler Rotwein (z. B. Côtes de Provence)
250 g frische Erdbeeren
1 Limette (unbehandelte Schale)
1 Zitrone (unbehandelte Schale)

Frische Himbeeren verlesen (tiefgekühlte auftauen lassen). Zucker in einem Topf völlig schmelzen, dabei nur hellbraun werden lassen. Rotwein zugießen und weiter kochen lassen, bis sich der Karamel im Rotwein aufgelöst hat. Himbeeren zugeben, durchrühren. Sauce bei mittlerer Hitze auf die Hälfte einkochen lassen, anschließend durch ein Sieb streichen und kalt stellen. Erdbeeren waschen, putzen, in Scheiben schneiden. Limette und Zitrone mit dem Messer schälen. Schalen in feine, 1 cm lange Streifen schneiden, in einem Sieb kurz mit kochendem Wasser überbrühen, abgetropft mit Erbeerscheiben in die kalte Sauce rühren. Sauce wieder kalt stellen.

Zubereitungszeit: etwa 20 Minuten
Pro Portion etwa 1 g Eiweiß, 0 g Fett,
27 g Kohlenhydrate = 588 Joule (141 Kalorien)

Vanillesauce:

1/4 l Schlagsahne, 20 g Zucker oder
1 ml natreen-SÜSSE flüssig
1 Vanilleschote, 2 Eigelb
2 cl Mandellikör

Sahne (4 El davon abnehmen), Zucker und die aufgeschlitzte Vanilleschote zusammen mit dem ausgekratzten Mark in einem Topf 2-3 Minuten kochen. Die Schote herausnehmen. Beiseite gestellte Sahne in einer Schüssel mit Eigelb verquirlen. Kochende Sahne vom Herd nehmen. Sahne-Eigelb-Mischung mit dem Schneebesen langsam unterrühren. Topf wieder auf den Herd stellen, Sauce unter Rühren so lange erhitzen, bis sie cremig ist. Die Vanillesauce jetzt durch ein Sieb gießen, in einer Metallschüssel auf Eiswürfeln abkühlen lassen, weil die Sauce sich sonst trennt. Mandellikör in die gut gekühlte Sauce gießen, mit dem Pürierstab vom Handrührer kurz durcharbeiten.

Vorbereitungszeit: 20 Minuten
Garzeit: 2-3 Minuten
Pro Portion etwa 3 g Eiweiß, 23 g Fett,
8 g Kohlenhydrate = 1143 Joule (273 Kalorien)
Kalorienersparnis durch natreen pro Portion:
84 Joule (20 Kalorien)

Mandelomelett:

30 g abgezogene Mandeln
40 g Butter, 1 Vanilleschote
35 g Zucker oder
2 1/2 ml natreen-SÜSSE flüssig
1/8 l Milch
15 g Mehl, 3 Eier (Gew.-Kl. 2)
2 cl Mandellikör
30 g Mandelblättchen
Puderzucker zum Bestäuben
frische Minze zum Garnieren

Abgezogene Mandeln mahlen, Butter klären: in einer kleinen Pfanne einmal kurz aufschäumen, umgießen, die Molke absetzen lassen und anschließend abgießen.

Aufgeschlitzte Vanilleschote mit dem ausgekratzten Mark, Zucker oder natreen und Milch in einem Topf bei milder Hitze etwa 2-3 Minuten kochen lassen. 4 El Milch abnehmen, das Mehl damit glattrühren (Schneebesen), in die kochende Milch gießen. Unter Rühren bei milder Hitze 2-3 Minuten durchkochen.

Fortsetzung Seite 108

Vanillebrei durch ein Sieb streichen und kalt stellen. Eier trennen. Gemahlene Mandeln in einer Pfanne bei milder Hitze goldbraun rösten. Eigelb, Mandellikör und geröstete Mandeln unter den ausgekühlten Vanillebrei rühren. Den Backofen auf 225 Grad (Gas 4) vorheizen. Eiweiß zu steifem Schnee schlagen, unter den Brei heben.
4 kleine beschichtete Pfannen (16 cm ∅, oder 4 kleine feuerfeste Formen mit flachem Rand) mit geklärter Butter sehr gut ausfetten. Die Mandelblättchen hineinstreuen, leicht goldbraun rösten. Je ¼ vom Omeletteig mit einem Eßlöffel in den Pfannen verteilen, bei mittlerer Hitze auf dem Herd etwa 1 Minute backen, anschließend auf 2 Gittern (auf den beiden mittleren Einschubleisten) im Backofen 5-6 Minuten weiter backen. Nach der halben Garzeit die Pfannen von oben nach unten (bzw. umgekehrt) umstellen. Pfannen herausnehmen. Je 2 El Beerensauce auf eine Hälfte der Omeletts geben. Omeletts jetzt vorsichtig auf 4 vorgewärmte Teller gleiten lassen, die ungefüllten Hälften überklappen. Noch etwas Beerensauce zu den Omeletts geben. Die Vanillesauce noch einmal gründlich mit den Quirlen vom Handrührer aufschäumen, an die Omeletts gießen. Die Mandelomeletts mit Puderzucker bestäuben und mit frischer Minze garnieren.

Vorbereitungszeit: 25-30 Minuten
Garzeit: 7 Minuten
Umluft: 6-8 Minuten bei 225 Grad
Pro Portion etwa 10 g Eiweiß, 23 g Fett,
18 g Kohlenhydrate = 1428 Joule (341 Kalorien)
Kalorienersparnis durch natreen pro Portion:
146 Joule (35 Kalorien)

Pfannkuchenberg

Für 12 Portionen:
200 g Haselnußkerne, 100 g Rosinen
5 El Sliwowitz
500 g Mehl
½ l Milch, 8 El Zucker oder
8 ml natreen-SÜSSE flüssig
1 Prise Salz
10 Eier (Gewichtsklasse 4)
Öl zum Backen
1,5 kg Vollmilchquark
abgeriebene Schale von 2 unbehandelten Zitronen
6 El Zitronensaft
6 El flüssiger Honig

Die Nüsse in einer Pfanne ohne Fett goldbraun rösten, die Schale mit einem Tuch abreiben. Die Nüsse hacken. Rosinen in Sliwowitz einweichen.
Mehl, Milch, 1 Prise Zucker und Salz zu einem glatten Teig verrühren und zehn Minuten ausquellen lassen. Dann 4 Eier unterrühren. Wenig Öl in einer Pfanne erhitzen, nacheinander etwa 12 Pfannkuchen darin backen, kalt werden lassen. Den Quark in einem Tuch gut ausdrükken. Die restlichen Eier trennen. Quark, Eigelb, restlichen Zucker oder 8 ml natreen, Zitronenschale, Zitronensaft und Rosinen verrühren. Das Eiweiß sehr steif schlagen und vorsichtig unter die Quarkmasse ziehen. Die Pfannkuchen mit der Creme und den Nüssen (einige Nüsse zurückbehalten) im Wechsel auf einen Teller schichten, bis alle Zutaten verbraucht sind. Auf den letzten Pfannkuchen die restlichen Nüsse streuen. Mit Honig beträufeln.

Vorbereitungszeit: 30 Minuten
Garzeit: 30 Minuten insgesamt
Pro Portion etwa 20 g Eiweiß, 32 g Fett,
66 g Kohlenhydrate = 2490 Joule (595 Kalorien)
Kalorienersparnis durch natreen pro Portion:
167 Joule (40 Kalorien)

Apfelpfannkuchen mit Zitronenjoghurt

Ergibt 20 bis 24 Stück:
250 g Mehl, 20 g Hefe, 30 g Zucker
abgeriebene Schale von 1 Zitrone (unbehandelt), 1 Prise Salz
50 g Butter oder Margarine (weich)
¼ l Milch, 3 Eier, 500 g Äpfel
Saft von 1 Zitrone, 50 g Korinthen
80 g Butterschmalz
Beilagen:
2 Becher Sahnejoghurt
abgeriebene Schale von 1 Zitrone (unbehandelt)
1 Tl Zimt, 4 El Zucker

Aus Mehl, zerbröselter Hefe, Zucker, Zitronenschale, Salz, Butter oder Margarine, Milch und Eiern einen geschmeidigen Teig rühren, etwa 20 Minuten zugedeckt gehen lassen. Äpfel schälen, achteln, vom Kerngehäuse befreien, mehrmals quer durchschneiden und sofort mit Zitronensaft beträufeln. Mit den Korinthen mischen. Unter den aufgegangenen Teig mischen, den Teig zugedeckt nochmals 10 Minuten gehen lassen.
10 g Butterschmalz in einer Pfanne (25 cm Ø) sehr heiß werden lassen. Aus jeweils 2 El Teig vier Pfannkuchen von jeder Seite 4 Minuten goldbraun braten (Stufe 9 bis 10). Auf eine vorgewärmte Platte legen und warm stellen, bis der Teig verarbeitet ist. Sahnejoghurt mit der Zitronenschale verrühren. Zimt und Zucker mischen. Beides getrennt zu den Apfelpfannkuchen servieren.

Vorbereitungszeit: 20 Minuten
Garzeit: etwa 40 Minuten
Pro Stück (bei 24 Stück) etwa 2 g Eiweiß, 6 g Fett, 16 g Kohlenhydrate = 606 Joule (144 Kalorien)

Gefüllte Crêpes „Sultan"

Für 8 Crêpes:
1/8 l Milch
130 g Mehl, 1 Prise Salz
65 g Zucker oder
5 ml natreen-SÜSSE flüssig, 4 Eier
200 g Feigen
2 süß-würzige Äpfel
(z. B. Cox Orange, etwa 375 g)
1 Banane (etwa 200 g)
50 g Rosinen
4 El Zitronensaft
75 g Zucker
1/8 l Orangensaft
3 El Orangenlikör
6 El Schlagsahne
etwas abgeriebene Orangen- und Zitronenschale von unbehandelten Früchten, 100 g Orangeat
30-40 g Butter oder Margarine

Für den Crêpe-Teig zuerst Milch, 1/8 l Wasser, Mehl, Salz und 50 g Zucker oder 4 ml natreen verrühren, kurze Zeit zum Ausquellen zur Seite stellen, Eier erst unmittelbar vor dem Backen unterrühren. Inzwischen die Feigen in feine Streifen schneiden. Äpfel schälen, vom Kerngehäuse befreien und würfeln. Banane schälen und ebenfalls würfeln. Früchte mit Rosinen und Zitronensaft mischen, etwas durchziehen lassen. Zucker in einem Töpfchen karamelisieren lassen, mit dem Orangensaft ablöschen und etwas einkochen lassen. Orangenlikör, Sahne, abgeriebene Schale von je einer halben Zitrone und Orange, das feingeschnittene Orangeat und den restlichen Zucker oder 1 ml natreen zugeben und alles unter Rühren so lange kochen lassen, bis eine dickliche Sauce entsteht.
Für jeden Crêpe etwas Fett in die Pfanne geben und darin nach und nach bei mittlerer Hitze acht hauchdünne Crêpes goldbraun backen. Jeden Crêpe mit geschnittenen Früchten füllen, aufrollen und alle Crêpes nebeneinander in eine feuerfeste Form legen. Abgedeckt (mit Alufolie) im Backofen bei 200 Grad (Gas 3) in etwa 15 Minuten heiß werden lassen. Dann sofort mit der heißen Sauce übergossen servieren.

Vorbereitungszeit: etwa 60 Minuten (einschließlich Crêpes-Backen)
Garzeit: 15 Minuten
Umluft: 15-20 Minuten bei 200 Grad
Pro Crêpe etwa 8 g Eiweiß, 10 g Fett,
70 g Kohlenhydrate = 1802 Joule (430 Kalorien)
Kalorienersparnis durch natreen pro Portion:
138 Joule (33 Kalorien)

Unser Tip: Eierkuchen bräunen am besten in schweren, schwarzen Eisenpfannen. Für Crêpes gibt es spezielle Pfannen, die dann auch nur dafür genommen werden. Für dicke Eierkuchen, die mit „Einlagen" gebacken werden, nehmen Sie am besten eine beschichtete Pfanne, in der nichts hängen bleibt. Wichtig: Zum Backen lassen Sie Fett bei mittlerer Temperatur in der Pfanne heiß werden, bis es leicht raucht, und geben dann mit einem Schöpflöffel den Teig hinein. Dabei muß es zischen! Die Pfanne sofort leicht schwenken, damit sich der Teig gleichmäßig verteilt. (Bei hauchdünnen Crêpes den überflüssigen Teig abgießen.) Jetzt warten Sie, bis die Unterseite leicht gebräunt ist, der Teigrand sich hochbiegt und die Oberfläche matt wird - dann wird der Pfannkuchen gewendet - mit Hilfe eines flachen Topfdeckels. Für Crêpes nehmen Sie eine Palette. Beim Wenden geben Sie nach Bedarf noch etwas Fett in die Pfanne oder auf den Pfannkuchen.

Schaumomelett mit Himbeermark

Für 4-6 Portionen:
150 g Zucker
450 g Himbeeren
2 El Himbeergeist
6 Eier (Gewichtsklasse 4)
30 g Mehl
30 g Speisestärke
Butter zum Braten
Puderzucker zum Bestäuben
Pfefferminzblättchen zum Garnieren

50 ccm Wasser und 50 g Zucker in 3 Minuten zu Läuterzucker kochen. Inzwischen die Himbeeren verlesen, aber nicht waschen. Die Hälfte davon durch ein Sieb streichen. Das Himbeerpüree mit 4 El Läuterzucker und dem Himbeergeist verrühren. Zudecken und 45 Minuten durchziehen lassen.
Die Eier mit dem restlichen Zucker im Schneekessel zuerst langsam schlagen, dann kräftig weiterschlagen und sehr schaumig werden lassen. Mehl und Speisestärke darübersieben und anschließend unterarbeiten.
Vier oder sechs kleine Eisenpfännchen mit Butter einfetten. Mit einer Kelle in jedes Pfännchen etwas Teig geben. Omeletts auf dem Herd vorbacken: Am Rand muß die Masse leicht stocken. Pfannen in den vorgeheizten Backofen auf die zweite Einschubleiste von unten stellen. Omeletts bei 200 Grad (Gas 3) in ungefähr 7 Minuten goldgelb backen und aufgehen lassen. Jedes Omelett vorsichtig mit einer Palette auf einen Teller gleiten lassen. Mit Puderzucker bestäuben, mit den restlichen Himbeeren, Pfefferminzblättchen und dem Himbeermark anrichten.

Vorbereitungszeit: 30 Minuten
Garzeit: 7 Minuten
Umluft: 8-10 Minuten bei 200 Grad
Pro Portion (bei 6 Portionen) etwa 7 g Eiweiß, 11 g Fett, 31 g Kohlenhydrate = 1084 Joule (259 Kalorien)

Unser Tip: Viele Eier machen den Eierkuchen locker und saftig, er bricht aber leicht beim Umdrehen in der Pfanne oder beim Aufrollen. Reichlich Mehl macht den Teig elastisch, aber auch zäh. Deshalb hebt man in diesem Fall entweder Eischnee oder eine Messerspitze Backpulver unter. Rühren Sie immer zuerst das Mehl mit der Flüssigkeit an, lassen diese Mischung einige Zeit ausquellen und fügen dann die verquirlten Eier zu.

1971er
Trockenbeerenauslese

Pfannkuchen mit Pflaumenkompott und Sahne

Für 16-18 Portionen:
375 g Mehl
1 Paket Vanillepuddingpulver
1 Prise Salz
350 g Zucker oder
17 ml natreen und 85 g Zucker
¾ l Milch
8 Eier (Gewichtsklasse 2)
200 g Butter, 4 El Zimt
2,5 kg Pflaumen, 250 g Rosinen
1 Flasche kräftiger Rotwein (0,7 l)
3 Zimtstangen
2 Lorbeerblätter, 2 Gewürznelken
3 Vanilleschoten
400 g Crème fraîche
50 g Speisestärke
½ l Schlagsahne
3 Pakete Vanillinzucker

Mehl mit Puddingpulver, Salz und einem Eßlöffel Zucker oder 1 ml natreen vermischen. Die Milch unter ständigem Rühren dazugießen, beiseite stellen und mindestens 30 Minuten ausquellen lassen. Die Eier unterrühren. Die Butter schmelzen lassen und die Saftpfanne mit zwei Eßlöffeln Butter auspinseln. Ein Viertel des Eierkuchenteigs hineingießen und verteilen. Im vorgeheizten Backofen auf der zweiten Einschubleiste von oben bei 225 Grad (Gas 4) fünf bis acht Minuten backen (Umluft: 8-10 Minuten bei 225 Grad). Die Oberfläche mit Butter bepinseln, mit je einem Eßlöffel Zimt und Zukker bestreuen. Etwas abkühlen lassen und von der Längsseite her aufrollen. In Alufolie wickeln, die Seiten zusammenfalten. Weitere drei Pfannkuchen backen und in Folie wickeln. Kurz vor dem Servieren die Pfannkuchen im Backofen leicht erwärmen, dabei einmal wenden. Die Pfannkuchen aus der Folie nehmen, schräg in Scheiben schneiden und auf Tellern verteilen. Dazu gibt es eiskaltes Pflaumenkompott:

Die Pflaumen waschen und entsteinen. Mit den restlichen 250 g Zucker oder 16 ml natreen, den Rosinen und dem Rotwein vermischen. Zimtstangen, Lorbeerblätter und Nelken zugeben. Die Vanilleschoten längs aufschneiden und das Mark herauskratzen. Das Mark mit Crème fraîche verrühren und bis zum nächsten Tag kühl stellen. Die ausgekratzten Vanilleschoten zu den Pflaumen geben, zum Kochen bringen (bei Verwendung von natreen evtl. etwas Wasser zugeben) und fünf Minuten kochen lassen.

Die Speisestärke mit 100 ccm Wasser verrühren, zugießen und etwa eine Minute kochen lassen, bis das Kompott klar ist. Kalt werden lassen und mit allen Gewürzen gut durchziehen lassen. Vor dem Servieren die Gewürze herausnehmen. Die Schlagsahne mit dem Vanillinzucker halbsteif schlagen, mit der Crème fraîche verrühren und zum Pflaumenkompott und den Pfannkuchenscheiben servieren. Dazu paßt Rotwein.

Vorbereitungszeit: 90 Minuten insgesamt
Garzeit: 1 Stunde
Pro Portion (bei 18 Portionen) etwa 10 g Eiweiß, 31 g Fett, 69 g Kohlenhydrate = 2630 Joule (629 Kalorien)
Kalorienersparnis durch natreen pro Portion (bei 18 Portionen): 247 Joule (59 Kalorien)

Unser Tip: Das Kompott schmeckt besonders gut, wenn man es ein oder zwei Tage durchziehen läßt.

Crêpes mit Beeren

Für 4 Portionen:
40 g Mehl
1/8 l Milch
1 Ei (Gew.-Kl. 2)
1 Prise Salz
500 g Himbeeren
150 g Johannisbeergelee
4 El Himbeergeist
50 g Pistazienkerne
100 g Crème fraîche
10 g Butterschmalz
einige Johannisbeerrispen zum Garnieren

Mehl in eine Schüssel geben. Mit Milch, Ei und Salz gut verrühren und 10 Minuten ruhenlassen.

Himbeeren verlesen und mit dem Johannisbeergelee und 3 El Himbeergeist bei milder Hitze unter vorsichtigem Umrühren mischen. Pistazien hacken, Crème fraîche mit dem restlichen Himbeergeist mischen.

Eine Pfanne dünn mit Butterschmalz auspinseln und aus dem Teig 4 dünne Crêpes backen. Auf eine Hälfte jeweils ein Viertel der Früchte und die Crème fraîche geben, die andere Seite darüberschlagen. Über die Crêpes die gehackten Pistazien streuen, mit den gewaschenen, trockengetupften Johannisbeeren garnieren und sofort servieren.

Vorbereitungszeit: ca. 20 Minuten
Backzeit: insgesamt ca. 10 Minuten
Pro Portion etwa 9 g Eiweiß, 20 g Fett, 46 g Kohlenhydrate = 1697 Joule (403 Kalorien)

DESSERTS MIT QUARK, FRISCHKÄSE UND JOGHURT

Über die Entdeckung gesäuerter Milch — des Vorläufers von Quark und Joghurt — gibt es zwei Vermutungen: Nach der einen füllte ein Wüstennomade auf einer Reise Milch statt Wasser in seine Ziegenlederflasche. Durch die Sonne und die Bakterien in der Flasche wurde im Laufe des Tages aus Milch Joghurt. Dies neue Getränk scheint dem Nomaden aber geschmeckt zu haben, denn noch heute sind Joghurt-Getränke eine beliebte Erfrischung im Orient. Nach der anderen Version ließen die Menschen um 10.000 v. Chr. Milch in einem Tongefäß draußen stehen, und dabei wurde aus der Milch ebenfalls so etwas wie Joghurt. Gesäuerte Milch blieb fortan ein beliebtes Nahrungsmittel: Im 1. Jahrhundert n. Chr. lobt es der Naturheilkundler Plinius und wieder 100 Jahre später der Arzt Galen.
Und Dschingis Khan gab seinen Soldaten vor jeder Schlacht reichlich Joghurt — was daraus geworden ist, ist hinreichend bekannt. Im allgemeinen ist die Wirkung von Joghurt auf den Menschen weniger erschreckend.
Wovon Sie sich bei diesen Desserts überzeugen können.

Russisches Osterdessert: Pass'cha. Rezept nächste Seite

Pass'cha (Russisches Osterdessert)

Zum Foto auf Seite 121

Für 12 Portionen:
250 g Korinthen
1/8 l Portwein
750 g Quark (40% Fett i. Tr.)
10 Eigelb (Gewichtsklasse 4)
250 g Zucker
500 g Butter
3 Kapseln Safranpulver
Muskatnuß (frisch gerieben)
250 g kandierte Früchte zum Garnieren

Korinthen in lauwarmem Wasser waschen und gründlich abtropfen lassen. 30 Minuten im Portwein ausquellen lassen. Den Quark durch ein Sieb streichen. Eigelb mit Zucker so lange verrühren, bis sich der Zucker gelöst hat. Die Butter schaumig rühren. Safran in drei Eßlöffeln lauwarmem Wasser auflösen. Korinthen abtropfen lassen und mit Quark, der Eigelbmasse, Butter, Safran und Muskatnuß verrühren.
Eine gewässerte Pass'cha-Form (oder einen Blumentopf, 18 cm Ø) mit einem feuchten Mulltuch auslegen und die Quarkmasse fest hineindrücken. Die Tuchenden zusammenschlagen und die Pass'cha mit einem passenden Brett oder einem Teller bedecken und mit einer Konservendose beschweren. Über einer Schüssel kühl stellen und drei Tage abtropfen lassen. Dann die Masse aus der Form stürzen und mit den kandierten Früchten verzieren.

Vorbereitungszeit: 1 Stunde
Zeit zum Abtropfen: 3 Tage
Pro Portion etwa 11 g Eiweiß, 47 g Fett,
64 g Kohlenhydrate = 3157 Joule (755 Kalorien)

Tirami su

Für 8 Portionen:
50 g Espresso-Pulver
8 Eigelb
200 g Puderzucker
4 cl Amaretto oder Weinbrand
1 kg Mascarpone (ersatzweise gut abgetropfter Sahnequark)
3 Pakete Löffelbiskuits (à 75 g)
10 g Kakaopulver

Aus dem Espresso-Pulver und 1/4 l Wasser einen Espresso zubereiten und abkühlen lassen.
Eigelb mit Puderzucker und Amaretto oder Weinbrand mit den Quirlen des Handrührers zu einer dicklich-weißen Creme aufschlagen. Den Mascarpone mit einem Schneebesen unterziehen. Die Löffelbiskuits auf eine Platte legen und mit dem Espresso beträufeln. Abwechselnd Mascarpone-Creme und Löffelbiskuits in eine Schüssel schichten, die erste Schicht soll Mascarpone, die letzte sollen Löffelbiskuits sein. Die Creme mindestens für 4 Stunden in den Kühlschrank stellen. Vorm Servieren mit Kakao bestäuben.

Vorbereitungszeit: 45 Minuten
Kühlzeit: mindestens 4 Stunden
Pro Portion etwa 20 g Eiweiß, 22 g Fett, 61 g Kohlenhydrate = 2422 Joule (578 Kalorien)

Vanillequark mit Rhabarber-Erdbeer-Kompott

Für 12 Portionen:
Vanillequark:
6 Blatt weiße Gelatine
1 kg Magerquark
3 Vanilleschoten
6 Eigelb (Gewichtsklasse 2)
300 g Zucker oder 100 g Zucker und
14 ml natreen-SÜSSE flüssig
6 cl Kirschwasser
3/8 l Schlagsahne
Rhabarber-Erdbeer-Kompott:
200 g Zucker
2 Pakete Himbeeren (à 250 g, tiefgekühlt)
1/2 l Rotwein, 1 Gewürznelke
500 g Erdbeeren
1 kg Rhabarber
1 1/2 El Speisestärke

Für den Vanillequark die Gelatine in kaltem Wasser einweichen. Ein Haarsieb mit Mulltuch auslegen, den Quark darin abtropfen lassen. Die Vanilleschoten aufschlitzen und auskratzen, die Schoten für das Kompott beiseite legen.
Eigelb mit Zucker oder 100 g Zucker und natreen und Vanillemark aufschlagen, dann den Quark unterrühren. Das Kirschwasser leicht erwärmen, die Gelatine tropfnaß darin auflösen und unter die Quarkmasse rühren. Die Sahne steif schlagen und vorsichtig unterziehen. In eine Schüssel von 2 l Inhalt füllen und mindestens zwei Stunden kühl stellen.
Inzwischen das Kompott zubereiten: Den Zucker in einem Topf zu goldbraunem Karamel schmelzen. Die Himbeeren, den Rotwein, die Vanilleschoten und die Nelke zugeben und acht bis zehn Mi-

Fortsetzung Seite 126

nuten bei milder Hitze kochen lassen, dann durch ein Sieb streichen.
Inzwischen die Erdbeeren waschen, putzen und in Stücke schneiden. Den Rhabarber putzen, waschen und in zwei Zentimeter lange Stücke schneiden. Den Himbeersud erhitzen, Rhabarber zugeben und aufkochen lassen. Die Speisestärke mit drei Eßlöffeln Wasser verrühren, zugeben und knapp eine Minute kochen lassen, bis das Kompott klar wird. Dann vom Herd nehmen, die Erdbeeren vorsichtig unterrühren, abkühlen lassen und kalt stellen. Zum Vanillequark servieren.

Vorbereitungszeit: 30 Minuten (ohne Gelierzeit)
Garzeit: 20 Minuten
Pro Portion etwa 17 g Eiweiß, 14 g Fett, 56 g Kohlenhydrate = 1959 Joule (468 Kalorien)
Kalorienersparnis durch natreen pro Portion: 280 Joule (67 Kalorien)

●●●●●●●●●●●●●●●●●●●●●●●●●●●●●●

Unser Tip: Wenn man Quark mit Sahne verrühren möchte, sollte man den Quark vorher abtropfen lassen: Dazu gibt man ihn in ein Sieb, das mit einem Mulltuch ausgelegt wird.

●●●●●●●●●●●●●●●●●●●●●●●●●●●●●●

Kaffee-Käse-Creme mit Mokkalikör

Für 4 Portionen:
300 g Doppelrahmfrischkäse
4 Eigelb
1 gestrichener El Pulverkaffee
2 cl Cognac oder Weinbrand
4 schwach gehäufte El Puderzucker oder
4 ml natreen-SÜSSE flüssig
8 El Mokkalikör
hauchdünne Schokoladentäfelchen
oder Mokkabohnen zum Garnieren

Frischkäse und Eigelb in eine Rührschüssel geben. Den Pulverkaffee im Cognac oder Weinbrand auflösen und dazugießen. Den Puderzucker durch ein Haarsieb in die Schüssel streichen, oder natreen dazugeben. Alles mit den Quirlen des Handrührers zu einer cremigdicken, glänzenden Masse rühren. Die Creme in einen Spritzbeutel füllen und in 4 Schälchen spritzen, kühl stellen. Vor dem Servieren über jede Portion 2 El Mokkalikör gießen und die Schokoladentäfelchen oder Mokkabohnen dazulegen.

Zubereitungszeit: 10 Minuten
Kühlzeit: 1 ½ Stunden
Pro Portion etwa 14 g Eiweiß, 31 g Fett, 15 g Kohlenhydrate = 2239 Joule (534 Kalorien)
Kalorienersparnis durch natreen pro Portion: 251 Joule (60 Kalorien)

●●●●●●●●●●●●●●●●●●●●●●●●●●●●●●

Unser Tip: Joghurt oder Quark sollten nicht mit roher Ananas oder Kiwi zubereitet werden. Beide Früchte enthalten nämlich Eiweiß-spaltende Fermente – bei Kiwi ist es Actinidin, bei Ananas Bromelin – so daß die Speise bitter werden kann.

●●●●●●●●●●●●●●●●●●●●●●●●●●●●●●

Maultaschen mit Quarkfüllung

Zum Foto rechts oben

Ergibt 28 Stück:
500 g Mehl
4 Eier (Gewichtsklasse 2), Salz
1 kg Magerquark, 80 g Zucker
1 El abgeriebene Schale einer unbehandelten Zitrone
2 El Vanillepuddingpulver
Mehl zum Ausrollen, 4 Zwiebäcke
35 g gemahlener Mohn, 80 g Butter
Puderzucker zum Bestäuben

Mehl, Eier, 1 Prise Salz und ⅛ l Wasser zu einem glatten Teig verkneten. Den Teig unter einer umgestülpten Schüssel mindestens 45 Minuten ruhen lassen.
Quark in einem Geschirrhandtuch sehr gut ausdrücken, dabei soll er die Hälfte seines Gewichts verlieren, und mit Salz, Zucker, Zitronenschale und Puddingpulver glattrühren. Die Hälfte des Teigs auf einem bemehlten Geschirrhandtuch zu einem Rechteck von 70x40 cm ausrollen bzw. ausziehen. Darauf 28 Quadrate von 10x10 cm markieren.
Die Quarkmasse in einen Spritzbeutel mit großer Lochtülle füllen. In die Mitte jedes Quadrats etwas von der Masse spritzen, die Ränder jedes Quadrats mit kaltem Wasser bestreichen.
Die andere Hälfte des Teigs ebenfalls auf ein Rechteck von 70x40 cm ausrollen oder ausziehen. Dies Teigstück genau über das Teigstück mit den Füllungen legen: Dazu den Teig auf eine Kuchenrolle wickeln und auf dem anderen Teig wieder abrollen. Mit einer Holzleiste oder der Kante eines Holzbretts das obere Teigstück an den Rändern zwischen den Füllungen auf das untere Teigstück drücken, so daß die beiden Teigstücke zusammenkleben. Eingeschlossene Luftblasen mit einer Gabel einstechen und herausdrükken. Die gefüllten Teigtaschen mit einem Kuchenrad ausschneiden und mit einem Tuch zudecken.
Stark gesalzenes Wasser in einem großen Topf zum Kochen bringen. Die Zwiebäcke in einem Handtuch mit der Kuchenrolle zerstoßen, mit dem gemahlenen Mohn vermischen. Die Maultaschen portionsweise sechs bis acht Minuten im Wasser sieden, aber nicht kochen lassen. Mit einer Schaumkelle herausnehmen und in eine vorgewärmte Schüssel geben. Die Butter in einer Pfanne bräunen und über die Maultaschen gießen. Die Mohn-Zwieback-Mischung und etwas Puderzucker darüberstreuen.

Vorbereitungszeit: 1½ Stunden
Garzeit: 6-8 Minuten pro Einlage
Pro Portion etwa 9 g Eiweiß, 4 g Fett, 20 g Kohlenhydrate = 670 Joule (160 Kalorien)

Quark-Zitronen-Creme mit Sauerkirschen

Zum Foto rechts unten

Für 4-6 Portionen:
Kirschkompott:
1 kg frische Sauerkirschen
¼ l Weißwein, 75 g Zucker oder
5 ml natreen-SÜSSE flüssig
abgeriebene Schale von zwei unbehandelten Zitronen
50 g Speisestärke
Creme:
500 g Magerquark
6 Blatt weiße Gelatine
3 Eier (Gewichtsklasse 2)
Salz, 75 g Zucker oder
5 ml natreen-SÜSSE flüssig
½ l Schlagsahne, 1 Vanilleschote
1 Tl Zitronenschale
3 El Zitronensaft

Fortsetzung Seite 130

alster milch

Die Sauerkirschen entsteinen, dabei den Saft auffangen. Kirschen und Saft mit Wein, Zucker oder natreen und Zitronenschale einmal kurz aufkochen lassen. Die Kirschen auf einem Durchschlag abtropfen lassen, den Saft auffangen. ⅛ l davon abnehmen, abkühlen lassen und die Speisestärke darin anrühren. Den restlichen Saft aufkochen lassen, mit der angerührten Speisestärke binden und so lange kochen lassen, bis er glasig ist. Die abgetropften Kirschen darunterheben und noch einmal kurz aufkochen lassen. Das Kompott zum Auskühlen beiseite stellen.
Den Quark gut ausdrücken, er soll dabei die Hälfte seines Gewichts verlieren. Die Gelatine in kaltem Wasser einweichen. Die Eier trennen. Eigelb mit Salz und der Hälfte des Zuckers oder 3 ml natreen schaumig schlagen. Die Sahne steif schlagen. Das Eiweiß mit dem restlichen Zukker oder 2 ml natreen zu steifem Schnee schlagen. Die Gelatine tropfnaß bei milder Hitze auflösen.
Den Quark mit der Eigelbmasse, dem ausgekratzten Vanillemark, der Zitronenschale und dem Zitronensaft vermischen. Die Gelatine unterrühren. Zuerst den Eischnee, dann die Sahne unterheben. Das kalte Kirschkompott und die Creme abwechselnd in ein Glasgefäß schichten und mindestens eine Stunde kalt stellen.

Vorbereitungszeit: 45 Minuten
Kühlzeit: 1 Stunde
Pro Portion (bei 6 Portionen) etwa 21 g Eiweiß, 31 g Fett, 58 g Kohlenhydrate = 2667 Joule (637 Kalorien)
Kalorienersparnis durch natreen pro Portion (bei 6 Portionen): 418 Joule (100 Kalorien)

Frischkäsecreme mit Blaubeeren

Zum Foto rechts

Für 4 Portionen:
500 g Blaubeeren
1 Zitrone mit unbehandelter Schale
100 ccm Weißwein
2-3 El Zucker oder
2-3 ml natreen-SÜSSE flüssig
Creme:
4 Blatt weiße Gelatine
400 g Doppelrahmfrischkäse
abgeriebene Schale von
2 unbehandelten Zitronen
5 El Zitronensaft
6 El Zucker oder
6 ml natreen-SÜSSE flüssig
8 El Milch, ¼ l Schlagsahne

Die Blaubeeren verlesen und waschen. Die Zitronenschale mit dem Juliennereißer in dünnen Streifen abziehen oder abschälen und in feine Streifen schneiden. Zusammen mit Weißwein und Zucker oder natreen unter die Blaubeeren mischen.
Für die Creme die Gelatine in kaltem Wasser einweichen. Frischkäse, Zitronenschale und Zitronensaft, Zucker oder natreen und Milch mit den Quirlen des Handrührers zu einer glatten Creme rühren. Die tropfnasse Gelatine bei milder Hitze auflösen und unterrühren. Die Sahne steif schlagen, unter die Creme ziehen. In eine Schale füllen, 1 Stunde kalt stellen. Die Frischkäsecreme mit den Blaubeeren servieren.

Zubereitungszeit (ohne Kühlzeit): 20 Minuten
Pro Portion etwa 16 g Eiweiß, 53 g Fett, 55 g Kohlenhydrate = 3274 Joule (783 Kalorien)
Kalorienersparnis durch natreen pro Portion: 920 Joule (220 Kalorien)

Topfenpalatschinken mit Aprikosensauce

Ergibt 8 Stücke:
Sauce:
1 Dose geschälte Aprikosen (500 g EW)
100 g Zucker oder
7 ml natreen-SÜSSE flüssig
1 Tl abgeriebene Schale einer unbehandelten Zitrone
2 El Zitronensaft
2 El Barack Palinka (Aprikosengeist)
Palatschinken:
100 g Mehl, Salz
30 g Zucker oder
2 ml natreen-SÜSSE flüssig, ¼ l Milch
750 g Magerquark
1 Vanilleschote
1 Tl abgeriebene Schale einer unbehandelten Zitrone
80 g Zucker oder
6 ml natreen-SÜSSE flüssig
⅛ l Schlagsahne (geschlagen)
1 Ei (Gewichtsklasse 2)
1 Eigelb, 60 g Butter

Für die Sauce vier bis fünf halbe Früchte beiseite legen. Die restlichen Aprikosen mit dem Schneidstab des Handrührgeräts pürieren und mit Saft, Zucker oder natreen, Zitronenschale und Zitronensaft verrühren. Bei milder Hitze zehn bis zwölf Minuten einkochen lassen. Die restlichen vier oder fünf halben Früchte in Spalten schneiden und in die Sauce geben. Die Sauce kalt werden lassen und mit Barack Palinka verrühren.

Für die Palatschinken Mehl, 1 Prise Salz und den Zucker oder natreen in eine Schüssel geben und die Milch mit einem Schneebesen nach und nach darunterschlagen. Die Mischung ungefähr 30 Minuten ausquellen lassen.

Inzwischen den Quark in einem Geschirrhandtuch sehr gut ausdrücken, er soll dabei die Hälfte seines Gewichts verlieren. Das ausgekratzte Vanillemark, Zitronenschale, 1 Prise Salz, Zucker oder natreen und geschlagene Sahne unterrühren. Ei und Eigelb unter den ausgequollenen Palatschinkenteig rühren.

Etwas Butter in einer Pfanne von ungefähr 20 cm Durchmesser erhitzen, eine kleine Schöpfkelle voll Teig hineingeben und dünn darin verlaufen lassen. Jede Palatschinke ungefähr 2 Minuten braten, dann mit einem flachen Messer wenden und von der anderen Seite zwei bis drei Minuten braten. Warm stellen und danach die übrigen Palatschinken braten. Die Füllung auf die einzelnen Palatschinken verteilen, die Palatschinken aufrollen. Auf einer vorgewärmten Platte anrichten und mit der Aprikosensauce servieren.

Vorbereitungszeit: insgesamt 40 Minuten
Garzeit: 4-5 Minuten pro Palatschinke;
10-12 Minuten für die Sauce
Pro Portion etwa 19 g Eiweiß, 14 g Fett, 48 g Kohlenhydrate = 1747 Joule (417 Kalorien)
Kalorienersparnis durch natreen pro Stück:
439 Joule (105 Kalorien)

Joghurt-Erdbeer-Eisbombe

Zum Foto rechts oben

Für 10-12 Portionen:
3 Becher Sahnejoghurt (à 150 g)
500 g reife Erdbeeren
1 El Orangenlikör (z. B. Cointreau)
50 g Puderzucker
1 Tl abgeriebene Zitronenschale
50 g Zucker
4 Eiweiß (Gewichtskl. 2)

Den Joghurt zum Abtropfen auf ein Sieb geben. Die Erdbeeren waschen und putzen, 100 g davon würfeln, mit dem Orangenlikör begießen und zugedeckt beiseite stellen. Die restlichen Erdbeeren zusammen mit Puderzucker und Zitronenschale pürieren (im Mixer oder mit dem Schneidstab des Handrührers). Das Erdbeerpüree mit dem abgetropften Joghurt mischen.
Den Zucker mit einem Eßlöffel Wasser kochen, bis die Masse so dick wie Sirup ist. Eiweiß zu steifem Schnee schlagen, dabei nach und nach den warmen Zuckersirup dazugeben. Den Eischnee unter das Erdbeer-Joghurt-Gemisch heben. Zum Schluß die marinierten Erdbeerwürfel untermengen.
Die Masse in eine Eisbombenform oder eine Schüssel (2 l Fassungsvermögen oder 2 Gefäße mit 1 l) füllen und für mindestens 5 Stunden ins Gefriergerät stellen. Vor dem Servieren die Form in lauwarmes Wasser tauchen und das Eis auf eine vorgekühlte Platte stürzen. Mit einer Erdbeere dekorieren.

Vorbereitungszeit: 30 Minuten
Kühlzeit: mindestens 5 Stunden
Pro Portion (bei 12 Portionen) etwa 5 g Eiweiß, 4 g Fett, 17 g Kohlenhydrate = 551 Joule (132 Kalorien)

Buchweizengrütze mit Dickmilch

Zum Foto rechts unten

Für 6 Portionen:
½-1 Tl Salz
100 g Butter
250 g Buchweizengrütze (mittelfein)
1 Tl Zimt
60 g Zucker
1 Becher Dickmilch (500 g) oder
3 Becher Joghurt (à 150 g)

1¼ l Wasser mit Salz nach Geschmack und 20 g Butter zum Kochen bringen. Die Buchweizengrütze hineinschütten und unter Rühren bei milder Hitze 10 Minuten lang ausquellen lassen. Inzwischen Zimt und Zucker mischen. Die restliche Butter in einem Töpfchen schmelzen und haselnußbraun werden lassen. Die fertige heiße Grütze in Suppentellern anrichten, mit dem Löffel eine Vertiefung in die Mitte drücken. Die Dickmilch oder den Joghurt in die Vertiefung geben, mit heißer Butter begießen und mit Zimtzukker bestreuen.

Vorbereitungszeit: 15 Minuten
Garzeit: 10 Minuten
Pro Portion etwa 7 g Eiweiß, 16 g Fett, 43 g Kohlenhydrate = 1551 Joule (371 Kalorien)

Joghurt-Honig-Eis mit Mandeln und Pistazien

Zum Foto rechts Mitte

Für 4-6 Portionen:
2 Becher Sahnejoghurt (à 150 g)
40 g abgezogene Pistazienkerne
50 g Mandelblättchen
30 g kandierte Orangenschale
1 El echter brauner Rum
1 Vanilleschote

Fortsetzung Seite 136

Joghurt-
Erdbeer-
Eisbombe
Joghurt-Honig-Eis
mit Mandeln
und Pistazien
Buch-
weizen-
grütze
mit Dickmilch

1/8 l Schlagsahne
1 Prise Salz
3 Eier (Gew.-Kl. 2)
50 g Heidehonig
1 Prise Zimt
30 g Puderzucker

Den Joghurt zum Abtropfen auf ein Sieb geben. Pistazien grob hacken, ein paar ganze Kerne zum Dekorieren übriglassen. Die Mandelblättchen in einer trokkenen Pfanne unter ständigem Rühren vorsichtig goldbraun rösten. Die Orangenschale fein würfeln, mit Rum begießen und zugedeckt beiseite stellen. Die Vanilleschote der Länge nach aufschlitzen, das Mark auskratzen, zusammen mit der Sahne und der Prise Salz in einem Töpfchen aufkochen. Die Eier trennen. Das Eigelb mit Honig und Zimt mit den Quirlen des Handrührers schaumig aufschlagen. Unter ständigem Weiterrühren die heiße Sahne nach und nach dazugießen. Weiterrühren, bis die Masse kalt ist. Das Eiweiß mit dem Puderzucker zu steifem Schnee schlagen.
Pistazien, Mandeln und die Orangenschale unter den Joghurt mischen, die Eigelb-Sahne-Masse unterrühren, dann den Eischnee unterheben. Die Masse in eine Schüssel oder ein anderes Gefäß füllen und für mindestens 5 Stunden ins Gefrierfach stellen. Vor dem Servieren die Form kurz in lauwarmes Wasser tauchen, das Eis auf eine vorgekühlte Platte stürzen. Mit Pistazien garnieren.

Vorbereitungszeit: 45 Minuten
Kühlzeit: mindestens 5 Stunden
Pro Portion (bei 6 Portionen) etwa 12 g Eiweiß, 23 g Fett, 25 g Kohlenhydrate = 1563 Joule (374 Kalorien)

Melonenspalten mit Joghurt-Sauce

Für 4 Portionen:
1 Honig- oder Ogenmelone (ca. 850 g)
1 1/2 Becher Sahnejoghurt (à 150 g)
1 Tl abgeriebene Zitronenschale
2 El Honig oder
2 ml natreen-SÜSSE flüssig
Salz, knapp 1/8 l Schlagsahne

Gekühlte Melonen halbieren, entkernen, dann in Spalten schneiden. Joghurt, Zitronenschale, Honig oder natreen und eine Prise Salz mischen, Sahne steif schlagen und unterheben. Über die Melonenspalten gießen.

Zubereitungszeit: 10 Minuten
Pro Portion etwa 4 g Eiweiß, 8 g Fett, 15 g Kohlenhydrate = 611 Joule (146 Kalorien)
Kalorienersparnis durch natreen pro Portion: 213 Joule (51 Kalorien)

Unser Tip: Joghurt wird von der Industrie in vier Fettstufen angeboten: als Magermilchjoghurt mit höchstens 0,3 Prozent Fett, als fettarmer Joghurt mit 1,5 bis 1,8 Prozent Fett, als Vollmilchjoghurt mit mindestens 3,5 Prozent Fett und als Sahnejoghurt mit mindestens 10 Prozent Fett. Je nach Marke enthalten die Becher 125, 150 oder 175 g. Wer nicht ganz streng auf Kalorien achten muß, sollte – zumindest für unsere Gerichte – immer Sahne- oder Vollmilchjoghurt nehmen. Anders als bei Fruchtjoghurt brauchen Sie bei reinem Joghurt nicht darauf zu achten, ob er Bindemittel, Konservierungsstoffe oder andere künstliche Mittel enthält. Er wird im Zweifelsfall immer ohne solche Zusätze angeboten.

Mascarpone-Dessert

Ergibt 8 Stücke:
200 g Löffelbiskuits
125 g Zucker oder 25 g Zucker und
7 ml natreen-SÜSSE flüssig
100 g Butter
2 Eigelb
150 g Schlagsahne
500 g Mascarpone
2½ El Zitronensaft
Zitronenschale einer unbehandelten Frucht
2 El gehackte Pistazienkerne

Die Löffelbiskuits mahlen, mit 25 g Zucker und 40 g geschmolzener Butter verrühren. Eine Springform von 22 cm Durchmesser damit auskleiden. Die Form kühl stellen. Dann den Boden bei 175 Grad (Gas 2) 10 Minuten backen und kalt werden lassen.
Für den Belag die restliche Butter mit dem restlichen Zucker oder 7 ml natreen schaumig rühren. 2 Eigelb und die flüssige Sahne unterrühren. Mit Mascarpone, Zitronensaft und Zitronenschale vermischen. Die Creme auf den Boden streichen und für zwei bis drei Stunden ins Gefriergerät stellen. Die Torte aus der Form lösen und am Rand mit den gehackten Pistazien garnieren.

Vorbereitungszeit: 20 Minuten
Garzeit: 10 Minuten
Umluft: 15 Minuten bei 175 Grad
Kühlzeit: 2-3 Stunden
Pro Stück etwa 12 g Eiweiß, 40 g Fett, 39 g Kohlenhydrate = 2538 Joule (599 Kalorien)
Kalorienersparnis durch natreen pro Stück: 209 Joule (50 Kalorien)

DESSERTS MIT FRÜCHTEN

Das älteste Lebensmittel der Menschen — Desserts gab es damals natürlich noch gar nicht — ist zweifellos die Frucht. Bei Eva war es der Apfel — bei uns ist das Dessert heute die Versuchung. Homer und Ovid erwähnten bei der Beschreibung alter Gastmähler schon Datteln, Rosinen und Feigen. Sie wurden zwar nicht zum Abschluß, jedoch nach Belieben zwischen den Gängen gereicht. Früchte lassen sich mit Eis, Creme, Karamel und Saucen kombinieren. Wichtig ist, daß sie ihren Eigengeschmack behalten und nicht verfremdet werden. Kaufen Sie möglichst reife Früchte: Die können Sie an der intensiven Farbe, dem starken Aroma und meist an der weicheren Konsistenz erkennen. Nehmen Sie die Früchte der Saison — Erdbeeren im Dezember können ziemlich fad sein. Mischen Sie ruhig einheimische und exotische Früchte. Wichtig ist, daß sie sich in Farbe und Geschmack ergänzen.

mit B[illegible]-
sauce [illegible] Eis.
Rezept nächste Seite

Vanillebirnen mit Brombeersauce und Eis

Zum Foto auf Seite 141

Für 6 Portionen:
6 reife Birnen (1,2 kg, z. B. Williams Christ), 1 Vanilleschote
1 Zitrone (mit unbehandelter Schale)
200 g Zucker, 500 g Brombeeren
75 g Puderzucker, 1/8 l Rotwein
1 Orange (mit unbehandelter Schale)
2 El Kirschwasser, 1 Paket Vanilleeis

Die Birnen schälen und halbieren. Die Kerngehäuse und Blüten herausschneiden. Die Vanilleschote aufschlitzen und die Zitrone in Scheiben schneiden. Mit Zucker in 1/2 l Wasser aufkochen. Birnen 8-10 Minuten darin pochieren. In der Flüssigkeit auskühlen lassen.
Die Brombeeren kurz waschen und in einem Sieb abtropfen lassen. Den Puderzucker in einer Pfanne zu hellbraunem Karamel schmelzen lassen. Den Rotwein zugießen und so lange kochen lassen, bis der Karamel gelöst ist. 250 g Brombeeren dazugeben und 7 Minuten kochen lassen. Brombeeren mit Sauce durch ein Sieb streichen. Restliche Brombeeren einmal kurz darin aufkochen lassen.
Die Orange dünn abschälen, die Schale in feine Streifen schneiden. In einem Teesieb kurz mit kochendem Wasser überbrühen. Zwei Teelöffel von der Schale und das Kirschwasser unter die Sauce rühren. Zudecken, kühl stellen.
Die Dessertteller im Gefriergerät vorkühlen. Auf jeden Teller eine Kugel Vanilleeis, zwei abgetropfte Birnenhälften und etwas Brombeersauce geben. Mit der restlichen Schale garnieren.

Vorbereitungszeit: 45 Minuten
Garzeit: insgesamt 14-18 Minuten
Pro Portion etwa 4 g Eiweiß, 8 g Fett, 94 g Kohlenhydrate = 2709 Joule (648 Kalorien)

Rhabarber mit Orangensabayon

Zum Foto rechts

Für 4-6 Portionen:
750 g Rhabarber
3-4 große Orangen (eine davon mit unbehandelter Schale)
150 g Zucker
3 Eier (Gew.-Kl. 2)
1 Prise Salz
3 El Orangenlikör
1 El Zitronensaft
etwa 15 Pistazienkerne

Den Rhabarber putzen, falls nötig, auch abziehen, waschen und in 5 cm lange Stücke schneiden. Von der unbehandelten Orange etwas Schale dünn abschneiden und in feine Streifen schneiden. Alle Orangen auspressen (sie sollen 300 ccm Saft ergeben). Orangensaft mit 100 g Zucker in einem breiten Topf zum Kochen bringen, den Rhabarber darin in vier bis fünf Minuten knapp gar ziehen lassen, dann vorsichtig aus dem Saft heben. Den Saft zu einem Sirup einkochen lassen. Heiß über den Rhabarber gießen und kalt werden lassen.
Für die Sauce die Eier, Salz, den restlichen Zucker, den Orangenlikör und Zitronensaft gut verquirlen und auf der Automatikplatte bei Stufe 4-5 oder im Wasserbad mit den Quirlen des Handrührers cremig schlagen. Topf oder Schüssel in Eiswasser stellen, Sauce schlagen, bis sie kalt ist. Den Rhabarber anrichten, mit der Sauce begießen und mit Orangenschale und den gehackten Pistazienkernen garnieren.

Vorbereitungszeit: ca. 25 Minuten
Garzeit: 5-7 Minuten
Pro Portion (bei 6 Portionen) etwa 6 g Eiweiß, 4 g Fett, 45 g Kohlenhydrate = 1153 Joule (276 Kalorien)

Rotwein-Kirschen

Für 4 Portionen:
500 g Sauerkirschen
50 g Zucker oder
4 ml natreen-SÜSSE flüssig
½ l kräftiger Rotwein
Schale einer unbehandelten Zitrone
250 g Schlagsahne
2 El Zucker oder
2 ml natreen-SÜSSE flüssig
2 El gemahlene Mandeln

Sauerkirschen entsteinen, zuckern oder mit natreen beträufeln und mit dem Rotwein übergießen. Die Zitronenschale dünn abschälen, zugeben und das Ganze mindestens 2 Stunden an einem kühlen Ort durchziehen lassen. Die Sahne sehr steif schlagen, Zucker oder natreen und Mandeln unterheben. Die Rotwein-Kirschen mit der kalten Mandelsahne anrichten und sofort servieren.

Zubereitungszeit: 20 Minuten
Pro Portion etwa 4 g Eiweiß, 20 g Fett, 42 g Kohlenhydrate = 2132 Joule (513 Kalorien)
Kalorienersparnis durch natreen pro Portion: 335 Joule (80 Kalorien)

Tip: Außerhalb der Saison kann man auch Sauerkirschen aus dem Glas nehmen: Man verwendet sie ohne Saft und läßt den Zucker weg.

Birnen mit Karamelsauce

Für 4 Portionen:
4 große, feste Birnen (etwa 1 kg, z. B. Kaiserkronen)
$^1/_2$ l Weißwein (Riesling)
150 g Zucker oder
10 ml natreen-SÜSSE flüssig
1 große Orange (mit unbehandelter Schale), 200 g Puderzucker
5 g Butter, 3 El Orangenlikör

Birnen schälen, Blüte und Stiel daranlassen. Wein und Zucker oder natreen aufkochen, die Birnen bei milder Hitze etwa 40 Minuten garen, dabei häufig wenden. Die Birnen dann aus dem Wein nehmen und kalt werden lassen. Orangenschale auf der groben Seite der Reibe abreiben, die weiße Haut an der Frucht lassen. Dann die Orange auspressen. Den Puderzucker in einem Topf (möglichst mit Kupferboden) karamelisieren, die Butter und den Orangensaft dazugeben, zum Kochen bringen. Die Orangenschale zugeben. So lange weiterkochen, bis die Masse sirupartig wird, etwas abkühlen lassen. Dann den Orangenlikör dazugeben, erkaltet über die Birnen gießen.

Vorbereitungszeit: 30 Minuten
Garzeit: 40 Minuten
Pro Portion etwa 1 g Eiweiß, 2 g Fett, 119 g Kohlenhydrate = 2582 Joule (617 Kalorien)
Kalorienersparnis durch natreen pro Portion: 628 Joule (150 Kalorien)

Erdbeeren mit Vanilleeis und Himbeerpüree

Für 4 Portionen:
500 g Erdbeeren
50 g Zucker oder
4 ml natreen-SÜSSE flüssig
1 Paket Himbeeren (tiefgekühlt, 300 g)
1 Paket Vanille-Eiscreme
30 g Pistazien

Erdbeeren waschen, gut abtropfen lassen, dann den Stielansatz entfernen. Erdbeeren je nach Größe halbieren oder vierteln und mit 30 g Zucker bestreuen oder mit 2 ml natreen beträufeln. Die aufgetauten Himbeeren durch ein Sieb streichen und mit dem restlichen Zucker oder natreen süßen. Früchte abgedeckt im Kühlschrank bis zum Servieren aufbewahren.
Die Erdbeeren in Portionsschälchen legen. Mit einem Löffel große Eisschollen aus der Eiscreme-Packung heben, auf den Erdbeeren anrichten, mit Pistaziensplittern bestreuen, das Himbeerpüree darübergießen und sofort servieren.

Zubereitungszeit: ca. 25 Minuten
Pro Portion etwa 8 g Eiweiß, 20 g Fett, 62 g Kohlenhydrate = 1943 Joule (464 Kalorien)
Kalorienersparnis durch natreen pro Portion: 209 Joule (50 Kalorien)

Unser Tip: Tiefgefrorene Früchte stellt man zum Auftauen kurz in die Mikrowelle. Wer keine Mikrowelle hat, kann die Früchte in einem möglichst breiten Gefäß auftauen lassen. Dann bedeckt man sie mit Alufolie, damit das Aroma nicht verfliegt.

Baisertorteletts mit Früchten und Sahne

Für 4 Portionen:
2 Eiweiß (Gew.-Kl. 2)
100 g Puderzucker
8 Aprikosen (etwa 375 g)
4 cl Aprikosenlikör
4 Kiwis
1 El Zucker
1/8 l Schlagsahne

Die Torteletts am besten am Vortag zubereiten: Eiweiß mit Puderzucker im lauwarmen Wasserbad (Automatikstufe 3) zu sehr steifem Schnee schlagen. Ein Backblech mit Backtrennpapier auslegen und vier Kreise von etwa 8 bis 10 cm Ø aufzeichnen. Den Eischnee in einen Spritzbeutel mit mittlerer Sterntülle füllen und die Kreise ausspritzen. Dabei in der Mitte anfangen und den Spritzbeutel schneckenförmig um den Mittelpunkt führen, bis der Kreis ausgefüllt ist. Auf den äußeren Ring dicke Tupfer setzen.
Im Backofen bei 100 Grad (Gas 1) 45 Minuten trocknen lassen, dann bei 150 Grad (Gas 1-2) in 15 Minuten hellgelb backen. Dabei die Backofentür mit einem Holzlöffel leicht sperren, damit die Feuchtigkeit abziehen kann. Über Nacht durchtrocknen lassen.
Am anderen Tag die Haut der Aprikosen einritzen und den Stielansatz herausschneiden. Früchte kurz überbrühen, abschrecken, häuten und entsteinen. In dicke Spalten schneiden und im Likör bei milder Hitze 5 Minuten pochieren, dabei vorsichtig wenden. Mit einer Schaumkelle herausnehmen, abtropfen lassen, den Saft auffangen und abkühlen lassen.
Die Kiwis schälen und in nicht zu dünne Scheiben schneiden, vorsichtig mit den Aprikosen mischen, mit Zucker bestreuen und durchziehen lassen.
Kurz vor dem Servieren die gut gekühlte Sahne sehr steif aufschlagen und die Pochierflüssigkeit unterheben. Die Früchte in die Torteletts füllen und eine Sahnehaube aufspritzen. Sofort servieren.

Vorbereitungszeit für die Torteletts: 30 Minuten
Backzeit: 60 Minuten
Für die Früchte: 15 Minuten, 5 Minuten
Umluft: 40-50 Minuten bei 100 Grad
Pro Portion etwa 4 g Eiweiß, 10 g Fett, 50 g Kohlenhydrate = 1511 Joule (361 Kalorien)

Tip: Die Baisertorteletts kann man gut auf Vorrat backen, wenn man gerade Eiweiß übrig hat. In einer Blechdose aufbewahrt, bleiben sie lange frisch.

YALA & C°
CHATEAU D'AY.
France
FRANKREICH

Beeren mit gewürzter Sahne

Für 4 Portionen:
250 g Himbeeren
250 g Brombeeren
250 g rote Johannisbeeren
3/8 l Schlagsahne
30 g Zucker
2 El Himbeergeist
2 El Cassis (Likör aus schwarzen Johannisbeeren)
2 El Orangenlikör
1 Orange (mit unbehandelter Schale)

Himbeeren und Brombeeren verlesen. Johannisbeeren waschen und von den Stielen streifen. Die Beeren auf einer Platte anrichten.
Die Sahne mit dem Zucker halbsteif schlagen und in drei Portionen teilen. Ein Drittel der Sahne mit Himbeergeist, ein Drittel mit Cassis und ein Drittel mit Orangenlikör mischen. Von der Orange etwas Schale in dünnen Streifen abschälen und auf die Orangenlikör-Sahne geben. Die Sahne-Portionen extra zu den Beeren servieren.

Zubereitungszeit: 25 Minuten
Pro Portionen etwa 4 g Eiweiß, 31 g Fett, 30 g Kohlenhydrate = 2005 Joule (479 Kalorien)

Unser Tip: Für Obstsalate vermischt man immer süße mit herben Früchten. Als Säure verwendet man Zitronen- oder Limettensaft.

Feigen al forno

Für 4 Portionen:
500 g frische Feigen
25 g Butter
50 g Mandeln (gemahlen)
50 g Haselnüsse (gemahlen)
35 g Pistazien (gehackt)
2 El Cognac oder Weinbrand
4 El Schlagsahne
1 Paket Vanillinzucker

Feigen waschen, halb auf-, aber nicht durchschneiden. Butter in einer feuerfesten, flachen Form schmelzen, Feigen hineinsetzen. Mandeln, Haselnüsse und Pistazien (einige zum Garnieren zurücklassen) mit Cognac, Sahne und Vanillinzucker verrühren. Mit einem Teelöffel die Nußfüllung in die Feigen geben, restliche Pistazien darüberstreuen und im vorgeheizten Backofen bei 225-250 Grad (Gas 4-5) 10 Minuten überbacken. Warm als Nachspeise servieren, evtl. Sandkekse dazu reichen.

Vorbereitungszeit: 15 Minuten
Garzeit: 10 Minuten
Umluft: 12-15 Minuten bei 225 Grad
Pro Portion etwa 8 g Eiweiß, 29 g Fett, 27 g Kohlenhydrate = 1819 Joule (435 Kalorien)

Unser Tip: Wenn man Früchte für ein Dessert gart, bindet man den Saft entweder mit etwas Speisestärke, damit die Sauce eine etwas dickere Konsistenz bekommt, oder man gart die Früchte in leichtem Karamel. Wenn man das Dessert mit Alkohol würzt, läßt man vorher die Früchte abkühlen, damit das Aroma des Alkohols nicht verfliegt.

Obstsalat mit Lychees

Zum Foto rechts oben

Für 4 Portionen:
375 g frische Lychees
1 vollreife Melone (etwa 750 g)
4 Mandarinen
3 El Zitronensaft
6 El Orangenlikör
2 El Zucker oder
2 ml natreen-SÜSSE flüssig

Lychees aus der Schale brechen, halbieren und den Kern herauslösen. Melone halbieren, die Kerne mit einem Löffel herausschaben. Fruchtfleisch mit einem Kugelausstecher herauslösen. Mandarinen schälen, die weiße Haut sorgfältig entfernen, Früchte in Segmente zerteilen. Zitronensaft, Orangenlikör und Zucker oder natreen verrühren und über das gemischte Obst gießen. Abdecken und zum Durchziehen kühl stellen.

Zubereitungszeit: 40 Minuten
Pro Portion etwa 1 g Eiweiß, 0 g Fett, 45 g Kohlenhydrate = 1052 Joule (251 Kalorien)
Kalorienersparnis durch natreen pro Portion: 126 Joule (30 Kalorien)

Rahmäpfel

Zum Foto rechts unten

Für 4 Portionen:
4 große, feste Äpfel (750 g Boskop oder Prinz)
75-100 g Zucker
200 ccm Crème double (Doppelrahm, ersatzweise Crème fraîche)

Äpfel schälen, quer halbieren. Kerngehäuse so ausstechen, daß keine Löcher entstehen. Apfelhälften mit der Schnittfläche nach oben in eine große Auflaufform setzen und dick mit 4 El Zucker bestreuen. Reichlich Rahm in die Kerngehäuse-Höhlungen gießen, ein Teil muß in die Form fließen. Form in den vorgeheizten Backofen auf die mittlere Einschubleiste setzen. Äpfel bei 200 Grad (Gas 3) 30-35 Minuten backen.
Nach 5 Minuten Backzeit restlichen Zukker auf die Äpfel streuen.
Die Äpfel aus dem Ofen nehmen, wenn sie goldbraun karamelisiert sind. Sie dürfen nicht zu sehr zerfallen und nicht zu braun werden.

Vorbereitungszeit: 15 Minuten
Backzeit: 30-35 Minuten
Umluft: 30-35 Minuten bei 175 Grad
Pro Portion etwa 1 g Eiweiß, 20 g Fett, 48 g Kohlenhydrate = 1613 Joule (385 Kalorien)

Ananas-Beignets mit Mandelsahne

Für 4-6 Portionen:
40 g blättrig geschnittene Mandeln
1 Ananas (etwa 1 kg), 1 Ei
1/8 Milch, 1 Prise Salz
60 g Zucker oder 4 ml natreen-SÜSSE flüssig
4-5 El Portwein
150 g Mehl, 20 g Butter
Pflanzenfett zum Ausbacken
3/8 l Schlagsahne
1 Pkt. Vanillinzucker

Die Mandeln in einer Pfanne ohne Fett goldbraun rösten, kalt werden lassen. Die Ananas erst in 8 Scheiben schneiden, dann schälen und den harten inneren Strunk herausschneiden.
Das Ei trennen. Das Eigelb, die Milch, Salz und Zucker oder natreen, Portwein und Mehl gut miteinander verrühren. Die Butter zerlassen und zugeben. Das Eiweiß steif schlagen und kurz vor dem Ausbacken unter den Teig heben. Das Pflanzenfett auf 180 Grad erhitzen. Die Ananasscheiben durch den Ausbackteig ziehen und sofort in das heiße Fett geben. Die Beignets in etwa 5 Minuten darin (portionsweise) goldbraun ausbacken und hinterher in einem Sieb abtropfen lassen.
Die Sahne steif schlagen. Den Vanillinzucker und die Mandelblättchen (ein paar zum Bestreuen aufheben) unter die Schlagsahne heben. Die Sahne in Dessertgläser füllen, mit Mandelblättchen bestreuen. Die heißen Ananas-Beignets dazu servieren.

Vorbereitungszeit: 40 Minuten
Ausbackzeit: pro Einlage etwa 5 Minuten
Pro Portion (bei 6 Portionen) etwa 8 g Eiweiß, 45 g Fett, 46 g Kohlenhydrate = 2721 Joule (650 Kalorien)
Kalorienersparnis durch natreen pro Portion (bei 6 Portionen): 167 Joule (40 Kalorien)

Maronenpüree mit Sahne

Für 6-8 Portionen als Dessert:
1 kg Maronen (etwa 500 g netto)
Salz
1 Vanilleschote
200 ccm Milch
100 g Zucker oder
7 ml natreen-SÜSSE flüssig
600 ccm Schlagsahne
2 El Kirschwasser

Die Kastanien auf der rund gewölbten Seite über Kreuz einritzen, mit der flachen Seite auf ein Backblech legen und auf der mittleren Einschubleiste im vorgeheizten Backofen bei 200 Grad (Gas 3) etwa 20 Minuten rösten (Umluft: 20-25 Minuten bei 200 Grad). Dann so heiß wie möglich aus den Schalen brechen und die braunen Häutchen ablösen. Die geschälten Maronen knapp mit Wasser bedekken, mit etwas Salz würzen und zugedeckt etwa 40 Minuten leise kochen lassen, anschließend abgießen und dann mit dem Schneidstab vom Handrührgerät pürieren.
Die Vanilleschote aufschlitzen, das Mark herauskratzen. Schote und Mark in der Milch langsam zum Kochen bringen. Das Maronenpüree zugeben, unter Rühren einkochen lassen. Zucker oder natreen und 100 ccm flüssige Sahne zugeben, wieder einkochen lassen. Die Masse vom Herd nehmen, die Vanilleschote herausfischen. Die Masse kalt stellen. Anschließend mit dem Kirschwasser abschmekken. Die restliche Sahne schlagen und in einen Spritzbeutel füllen. Sechs oder acht Gläser mit etwas Sahne füllen. Die Maronenmasse durch den Fleischwolf (feine Scheibe) drehen. Zwei Drittel der Maronen-„Würstchen" auf die Gläser verteilen, darauf wieder Schlagsahne geben und mit dem restlichen Maronenpüree bestreuen. Noch einen Tupfer Sahne obendrauf setzen. Das Dessert sofort servieren.

Vorbereitungszeit: 1 ½ Stunden
Garzeit: 1 ¼ Stunden
Pro Portion (bei 8 Portionen) etwa 4 g Eiweiß, 26 g Fett, 43 g Kohlenhydrate = 1823 Joule (436 Kalorien)
Kalorienersparnis durch natreen pro Portion (bei 8 Portionen): 209 Joule (50 Kalorien)

Unser Tip: Wer sich Arbeit ersparen möchte, kann auch fertiges Maronenpüree aus der Dose verwenden. Es sollte dann allerdings das ungesüßte Püree sein.

Schneeberg mit Waldbeeren

Für 4 Portionen:
Vanillesauce:
4 Eier (Gew.-Kl. 4), 30 g Zucker
1/4 l Milch, 1 Vanilleschote
Fruchtmark:
250 g Himbeeren, 20 g Zucker oder
1 ml natreen-SÜSSE flüssig
2 cl Orangenlikör (oder Himbeergeist)
Beeren:
250 g Walderdbeeren
250 g Waldhimbeeren
30 g Zucker oder
2 ml natreen-SÜSSE flüssig
Schneeballen:
2 El Weißweinessig
2 gestr. El Mandelblättchen (etwa 15 g)
1 Prise Salz, 80 g Zucker
Außerdem:
1 Paket sehr gutes Vanilleeis (500 ccm)
4 frische Pfefferminzblätter

Für die Vanillesauce Eier trennen. Eiweiß für die Schneeballen beiseite stellen. Eigelb mit Zucker schaumig schlagen. Milch mit ausgekratztem Mark und der Vanilleschote aufkochen, Schote herausnehmen. Milch nach und nach unter die Eigelbmasse schlagen. Bei milder Hitze (oder im Wasserbad) cremig schlagen. Sofort in eine eiskalte Schüssel umgießen, kühl stellen.

Für das Fruchtmark die Himbeeren durch ein Haarsieb drücken. Das Fruchtmark mit Zucker oder natreen und Orangenlikör würzen, kühl stellen.

Die geputzten Waldbeeren mit Zucker bestreuen oder mit natreen beträufeln, abgedeckt kühl stellen (aber bitte nicht eiskalt, weil sonst das Aroma erfriert).

Für die Schneeballen in einem sehr breiten Topf mindestens 6 l Wasser mit Essig

Fortsetzung Seite 162

bis zum Sieden erhitzen. Mandelblättchen ohne Fett goldbraun rösten.
Inzwischen das beiseite gestellte Eiweiß und Salz mit den Quirlen des Handrührgeräts (niedrigste Stufe) leicht schlagen, bis es locker bindet. Eischnee jetzt auf der 2. Stufe steif schlagen, dabei zum Schluß 30 g Zucker (2 El) einrieseln lassen. Der Eischnee muß cremig glänzen und so steif sein, daß er an den Quirlen Spitzen bildet. Jeweils ein Viertel Eischnee auf einen Holzlöffel setzen und mit einer Kuchenpalette große Kegel daraus formen. Die vier Kegel ins Essigwasser gleiten lassen. Erst die Unterseite 5 Minuten pochieren, die Kegel dann umkippen und rundherum noch einmal insgesamt 10 Minuten pochieren, bis die gesamte Oberfläche elastisch-fest ist und nicht mehr klebt (Fingerprobe).
Inzwischen den restlichen Zucker zu goldbraunem Karamel schmelzen lassen. Schneeballen auf ein Kuchengitter setzen, abtropfen lassen. Erst mit Mandelblättchen bestreuen, dann mit Karamel übergießen.
Zum Anrichten das Vanilleeis etwas antauen lassen. Die Vanillesauce auf vier sehr große Teller gießen. Die Schneeballen in die Mitte setzen. Die Waldbeeren dazulegen und mit Fruchtmark überziehen. Pfefferminzblätter in feine Streifen schneiden, auf die Beeren geben. Mit einem in heißes Wasser getauchten Eßlöffel Rollen aus dem Eis formen, auf den Tellern anrichten. Das Dessert sofort servieren.

Vorbereitungszeit: 90 Minuten (inkl. Anrichten)
Garzeit: 15 Minuten
Pro Portion etwa 16 g Eiweiß, 22 g Fett, 75 g Kohlenhydrate = 2453 Joule (586 Kalorien)
Kalorienersparnis durch natreen pro Portion: 209 Joule (50 Kalorien)

Beerensalat mit Grießbrei

Zum Foto rechts

Für 4 Portionen:
250 g Johannisbeeren (rot)
250 g Johannisbeeren (schwarz)
250 g Himbeeren
3 El Cassis (Likör aus schwarzen Johannisbeeren)
2 El Himbeergeist
2 El Ahornsirup
abgeriebene Schale von ½ Limette
½ l Milch, 40 g Zucker oder
3 ml natreen-SÜSSE flüssig
40 g Grieß, 1 Prise Salz
20 g Butter, 3 Eier
abgeriebene Zitronenschale (von einer unbehandelten Frucht)
20 g Pistazien

Die Johannisbeeren waschen, abtropfen lassen und von den Rispen streifen. Die Himbeeren verlesen. Die Beeren vorsichtig mit Cassis, Himbeergeist, Ahornsirup und Limettenschale mischen und kühl stellen.
Für den Grießbrei die Milch mit dem Zucker oder natreen zum Kochen bringen, langsam den Grieß einstreuen, Salz und Butter zugeben. 5 Minuten ausquellen lassen. Die Eier trennen. Das Eiweiß steif schlagen. Eigelb gut unter den Brei rühren, dann Eischnee und Zitronenschale unter den gequollenen, heißen Brei ziehen. In eine kalt ausgespülte Form füllen und kühl stellen. Zum Servieren stürzen und mit dem Beerensalat anrichten. Die Pistazien hacken und darüberstreuen.

Vorbereitungszeit: 10 Minuten
Garzeit: 5 Minuten
Pro Portion etwa 12 g Eiweiß, 16 g Fett, 52 g Kohlenhydrate = 1881 Joule (449 Kalorien)
Kalorienersparnis durch natreen pro Portion: 167 Joule (40 Kalorien)

Quitten in Honigsirup

Für 20 Portionen:
1 kg Honig
1 kg Zucker
4 Zitronen (unbehandelt)
20 Gewürznelken
6 Zimtstangen
4 kg reife Quitten
2 El Rosenwasser
1 Glas herbe Sauerkirschkonfitüre (450 g EW)
1 l Schlagsahne

Honig, Zucker, dünn abgeschälte Zitronenschale, Zitronensaft, Nelken, Zimt und 2 l Wasser in einem Topf vermischen und aufkochen lassen: abschäumen. Quitten mit einem trockenen Tuch abreiben, halbieren. Kerngehäuse und alle holzigen Teile mit einem scharfen Messer herausschneiden (die Quitten müssen reif sein, weil man das Kerngehäuse sonst nur schwer herausschneiden kann). Die Quittenhälften in dem Honigsud 20 bis 25 Minuten knapp sieden, aber nicht kochen lassen. Im Sud über Nacht auskühlen lassen.

Die Quitten in einem Durchschlag abtropfen lassen. Den Sud durch ein Sieb gießen, zu einem Sirup einkochen, dann das Rosenwasser zugeben. Quitten mit Sirup übergießen und gut durchkühlen lassen. Die Quittenhälften mit wenig herber Sauerkirschkonfitüre füllen. Dazu halbsteif geschlagene, ungezuckerte Sahne servieren.

Vorbereitungszeit: 1 Stunde
Garzeit: 25 Minuten
Pro Portion etwa 1 g Eiweiß, 18 g Fett, 132 g Kohlenhydrate = 2776 Joule (663 Kalorien)

Schokoladen-Erdbeeren

Zum Foto rechts oben

Für 4 Portionen:
200 g bittere Kuvertüre
250 g Erdbeeren
40 g Zucker
Öl zum Bestreichen

Die Kuvertüre schmelzen lassen. Die Erdbeeren waschen und abtropfen lassen. Mit der Spitze in die Kuvertüre tauchen, dann kurz in Zucker tauchen und auf einen geölten Teller legen. Im Kühlschrank erstarren lassen.

Zubereitungszeit: 15 Minuten
Pro Portion etwa 2 g Eiweiß, 18 g Fett, 41 g Kohlenhydrate = 1429 Joule (342 Kalorien)

Unser Tip: Wer will, kann die Erdbeeren zuerst in Himbeergeist marinieren und dann in die Kuvertüre tauchen.

Eisgekühlte Vanilletrauben

Zum Foto rechts unten

Für 4 Portionen:
250 g blaue Trauben
250 g grüne Trauben
3 Eiweiß
2 Pkt. Vanillinzucker
125 g Kristallzucker

Trauben gut waschen und mit Küchenkrepp trockentupfen. Mit einer Schere in kleine Sträuße schneiden. Eiweiß mit einer Gabel kurz verschlagen. Vanillinzucker mit Kristallzucker mischen. Die Trauben zuerst in Eiweiß, dann in Zucker tauchen und nebeneinander auf ein Tablett legen. Das Tablett für ungefähr 15 bis 20 Minuten ins Gefriergerät stellen. Dann die Trauben auf einer Platte anrichten und sofort servieren.

Zubereitungszeit: ca. 15 Minuten
Pro Portion etwa 4 g Eiweiß, 1 g Fett, 56 g Kohlenhydrate = 910 Joule (218 Kalorien)

Desserts aus verschiedenen Obstpürees: Dialog der Früchte. Rezept auf Seite 170

Dialog der Früchte

Zum Foto auf den Seiten 168/169

Für 6-8 Portionen:
150 g Zucker
2 reife Birnen (ca. 450 g)
1/8 l trockener Weißwein
2 El Zitronensaft
evtl. etwas Zucker
150 g schwarze Johannisbeeren
1 reife Mango (ca. 500 g)
1 reife Papaya (ca. 350 g)
300 g Himbeeren
4 Kiwis (ca. 400 g)
Mineralwasser
etwas Cassis (Likör aus schwarzen Johannisbeeren)

Den Zucker mit 150 ccm Wasser erhitzen, unter Rühren auflösen, einmal kräftig aufkochen lassen, vom Herd nehmen, abschäumen und abkühlen lassen.
Die Birnen schälen und halbieren, die Kerngehäuse herausschneiden. Weißwein und Zitronensaft mit 1/8 l Wasser und eventuell etwas Zucker aufkochen, die Birnenhälften darin etwa 5 Minuten leise sieden lassen, dann fein pürieren und durch ein Sieb streichen.
Die Johannisbeeren waschen, sehr gut abtropfen lassen, von den Stielen streifen, pürieren und durch ein feines Sieb geben. Die Mango schälen, das Fruchtfleisch vom Stein schneiden. Auch das Mangofleisch pürieren und durch ein Sieb streichen.
Papaya schälen, Frucht längs halbieren, die Kerne mit einem Löffel herausschaben. Fruchtfleisch grob würfeln, pürieren und durchs Sieb streichen.
Von den Himbeeren für jede vorgesehene Portion eine schöne Frucht zurücklegen, den Rest im ganz langsam laufenden Mixer pürieren (damit die Kernchen nicht zerkleinert werden!), dann durch ein Sieb streichen. Die Kiwis schälen und pürieren, das Fruchtfleisch durch ein Sieb drücken.
Jedes Fruchtpüree mit Läuterzucker abschmecken, dabei nicht zu sehr süßen, kühl stellen.
Vor dem Anrichten die Konsistenz prüfen, die Pürees sollen geschmeidig von der Kelle fließen. Zu dicke Pürees mit etwas Mineralwasser verrühren, für die schwarzen Johannisbeeren nicht Wasser, sondern Cassis verwenden. Die Pürees auf großen Tellern anrichten. Den Teller in die Hand nehmen und mit der flachen Hand gegen die Unterseite schlagen, bis sich die Pürees auf dem Teller verteilt haben. Mit einem Holzstift dekorative Linien durch die Pürees ziehen, den Endpunkt der Linie mit einer Himbeere markieren.

Zubereitungszeit: ca. 2 Stunden
Pro Portion (bei 8 Portionen) etwa 3 g Eiweiß, 1 g Fett, 49 g Kohlenhydrate = 892 Joule (213 Kalorien)

Unser Tip: Es lohnt sich nicht, den Dialog der Früchte aus kleineren Obstmengen zu machen. Wenn Sie nur vier Portionen brauchen, ist das nicht weiter schlimm. Die Pürees halten sich im Kühlschrank drei bis fünf Tage, wenn man sie gut verschlossen in Gläsern aufbewahrt, außerdem kann man sie einfrieren. Man muß sie dann nach dem Auftauen mit dem Schneidstab kurz durchmixen.

Nektarinen und Erdbeeren mit Vanillecreme

Für 4 Portionen:
2 Nektarinen, 500 g Erdbeeren
6 Eigelb, 2 Vanilleschoten
2 Pkt. Vanillinzucker, 2-3 El Zucker oder
2 ml natreen-SÜSSE flüssig
$^{1}/_{4}$ l Schlagsahne

Nektarinen waschen, halbieren, den Stein auslösen. Die Früchte vierteln, dann quer in Spalten schneiden. Erbeeren waschen, putzen und halbieren. Früchte in einer Schüssel mischen und zugedeckt kalt stellen. Eigelb mit dem ausgekratzten Mark der Vanilleschoten und den restlichen Zutaten in einem Topf verrühren und bei milder Hitze oder im Wasserbad zu einer dicklichen Creme aufschlagen (etwa 5-6 Minuten). Sofort mit den Früchten servieren.

Vorbereitungszeit: 10 Minuten
Garzeit: 5-6 Minuten
Pro Portion etwa 8 g Eiweiß, 30 g Fett, 33 g Kohlenhydrate = 1887 Joule (451 Kalorien)
Kalorienersparnis durch natreen pro Portion: 170 Joule (40 Kalorien)

Rote Grütze

Für 4 Portionen:
250 g Erdbeeren
250 g Himbeeren
2 El Zucker oder
2 ml natreen-SÜSSE flüssig
1 Vanilleschote
3 El Speisestärke
Sauce:
1 Vanilleschote
¼ l Schlagsahne
1 El Zucker oder
1 ml natreen-SÜSSE flüssig
1 Tl Speisestärke

Die Erdbeeren putzen und vierteln. Mit den Himbeeren, dem Zucker oder natreen und dem ausgekratzten Mark der Vanilleschote zum Kochen bringen und bei starker Hitze im geschlossenen Topf 2 Minuten garen. Speisestärke mit 4 El Wasser verrühren, zu den Früchten geben und nochmals 3 Minuten garen, dann kalt werden lassen.
Für die Sauce die Vanilleschote aufschlitzen und auskratzen. Das Mark mit Sahne, Zucker oder natreen und Speisestärke verrühren. Zwei Minuten bei starker Hitze kochen und kalt werden lassen. Grütze und Sauce getrennt servieren.

Vorbereitungszeit: 20 Minuten
Garzeit: 7 Minuten
Pro Portion etwa 3 g Eiweiß, 20 g Fett, 40 g Kohlenhydrate = 1507 Joule (360 Kalorien)
Kalorienersparnis durch natreen pro Portion: 188 Joule (45 Kalorien)

Zimteis mit Rhabarber-Erdbeer-Grütze

Für 6 Portionen:
Eis:
1/4 l Milch, 1/4 l Schlagsahne
80 g Zucker oder
6 ml natreen-SÜSSE flüssig, 1 Prise Salz
3 Zimtstangen, 6 Eigelb
Grütze:
500 g Rhabarber
500 g Erdbeeren
5 El Weißwein
5 El Apfelsaft, 80 g Zucker oder
6 ml natreen-SÜSSE flüssig
1 Vanilleschote
20 g Speisestärke
Puderzucker zum Bestäuben

Für das Eis Milch, Sahne, 40 g Zucker oder 2 ml natreen, Salz und die Zimtstangen aufkochen. Dann zur Seite stellen. Eigelb mit dem restlichen Zucker oder natreen in einer Rührschüssel zu einer dicklichen weißen Creme aufschlagen. Die Milch-Sahne-Mischung durch ein Sieb dazugießen. Die Mischung mit einem Schneebesen im Wasserbad oder auf der Automatikplatte schlagen, bis eine leichte Bindung entsteht. Die Probe macht man, indem man einen Holzlöffel in die Creme taucht und die Creme darauf bläst. Wenn sich die Masse von der Mitte aus blütenblattartig ausbreitet, ist die Bindung da. Die Masse gut durchkühlen lassen. In der Zwischenzeit den Rhabarber waschen und putzen. Stangen in 2 cm lange Stücke schneiden. Die Erdbeeren waschen und putzen. Die Hälfte würfeln. Weißwein mit Apfelsaft, Zucker oder natreen und der aufgeschlitzten Vanilleschote aufkochen. Die Vanilleschote herausnehmen, im Wein den

Fortsetzung Seite 176

Brut Impérial
& CHANDON
CHAMPAGNE

Rhabarber portionsweise weich dünsten. Herausnehmen. Die Speisestärke mit wenig Wasser anrühren. In den Saft geben und den Saft kurz durchkochen. Dann vom Herd nehmen und Rhabarber und Erdbeerwürfel hineingeben. Kalt werden lassen. Vor dem Servieren die restlichen Erdbeeren längs in Scheiben schneiden. Sternförmig auf Portionstellern anrichten. Das Kompott in die Mitte geben. Die Eimasse 20 Minuten in die Eismaschine geben. (Wer keine Eismaschine hat, läßt die Masse unter öfterem Umrühren in dem Tiefkühlgerät durchfrieren, holt sie 20 Minuten vor dem Servieren heraus und rührt sie mit dem Schneidstab des Handrührers etwas cremig). Eis auf dem Kompott anrichten. Kompott mit Puderzucker überstäuben und sofort servieren.

Vorbereitungszeit: 50-60 Minuten
Garzeit: Grütze 12-15 Minuten
Pro Portion etwa 6 g Eiweiß, 21 g Fett, 45 g Kohlenhydrate = 1901 Joule (454 Kalorien)
Kalorienersparnis durch natreen pro Portion: 445 Joule (106 Kalorien)

●●●●●●●●●●●●●●●●●●●●●●●●●●●●●

Unser Tip: Wer Zeit sparen möchte, verwendet Vanilleeis aus der Packung statt Zimteis.

●●●●●●●●●●●●●●●●●●●●●●●●●●●●●

Feigen mit Minzcreme

Für 4 Portionen:
1/8 l Schlagsahne
1/8 l Crème fraîche
4 cl Minzlikör
2 Tl Zucker
8 reife Feigen
1 Zweig frische Minze

Die Sahne steif schlagen, mit der Crème fraîche, dem Minzlikör und dem Zucker vermischen, kühl stellen. Feigen vorsichtig waschen, abtupfen und halbieren, auf Portionstellern anrichten. Die Minze fein hacken, unter die Sahnecreme mischen und auf die vier Teller verteilen. Mit Minzeblättern garnieren.

Zubereitungszeit: 10 Minuten
Pro Portion etwa 3 g Eiweiß, 22 g Fett, 22 g Kohlenhydrate = 1479 Joule (354 Kalorien)

●●●●●●●●●●●●●●●●●●●●●●●●●●●●●

Unser Tip: Wer keine Minzcreme mag, kann den Minzlikör durch Aprikosenlikör und die Minze durch frische Zitronenmelisse ersetzen.

●●●●●●●●●●●●●●●●●●●●●●●●●●●●●

Gebackene Birnen

Zum Foto rechts oben

Für 3 Portionen:
3 Birnen
$^1/_2$ l Orangensaft (etwa von 6 Orangen)
2 Nelken
1 Zimtstange
60 g Zucker

Die Birnen schälen und der Länge nach halbieren. Das Kerngehäuse entfernen, die Birnen in eine flache Auflaufform legen. Mit dem Orangensaft begießen. Mit Nelken, Zimt und Zucker würzen. Im vorgeheizten Backofen bei 225 Grad (Gas 4) etwa 45 Minuten garen. Vor dem Servieren die Zimtstange entfernen.

Vorbereitungszeit: 10 Minuten
Garzeit: 45 Minuten
Umluft: 45 Minuten bei 200 Grad
Pro Portion etwa 2 g Eiweiß, 1 g Fett, 63 g Kohlenhydrate = 1119 Joule (267 Kalorien)

●●●●●●●●●●●●●●●●●●●●●●●●●●●●●●

Unser Tip: Man kann die Birnen durch Äpfel ersetzen, dann gießt man Cidre statt Orangensaft dazu.

●●●●●●●●●●●●●●●●●●●●●●●●●●●●●●

Apfel-Birnen-Sahne

Zum Foto rechts unten

Für 4-6 Portionen:
1 Becher Vollmilchjoghurt (150 g)
1 Tl Zitronensaft
2 El Honig oder
2 ml natreen-SÜSSE flüssig
250 g Äpfel
250 g Birnen
250 g Schlagsahne
2 El Zucker oder
2 ml natreen-SÜSSE flüssig
100 g Borkenschokolade

Den Joghurt in einer Rührschüssel sehr gut mit dem Zitronensaft und dem Honig oder natreen verrühren.
Die Äpfel und Birnen schälen, vierteln, vom Kerngehäuse befreien und pürieren: Das macht man am besten im Mixer. Das Fruchtpüree sofort unter den Joghurt rühren. Sahne steif schlagen und mit dem Zucker oder natreen süßen. Vorsichtig unter die Joghurtmasse ziehen. Borkenschokolade (am besten wieder im Mixer) zerkleinern. Eine Hälfte der Sahnemasse in eine Glasschüssel füllen, die Hälfte der Schokoladenbrösel darüberstreuen, die restliche Sahne darüberstreichen, mit den übrigen Schokoladenbröseln bestreuen und sofort servieren.

Zubereitungszeit: 15 Minuten
Pro Portion (bei 6 Portionen) etwa 4 g Eiweiß, 20 g Fett, 32 g Kohlenhydrate = 1365 Joule (326 Kalorien)
Kalorienersparnis durch natreen pro Portion (bei 6 Portionen): 126 Joule (30 Kalorien)

Apfel auf Wacholdersahne

Für 4 Portionen:
50 g Zucker
150 ccm Weißwein (trocken)
4 El Zitronensaft
2 große Äpfel (ca. 400 g)
1 Tl Wacholderbeeren
150 ccm Schlagsahne
4 El Blaubeeren (ca. 100 g)
4 Tl brauner Zucker
Vanilleeis (Fertigprodukt)

Den Zucker zu goldbraunem Karamel schmelzen lassen. Dann ganz vorsichtig Weißwein und Zitronensaft zugießen (Spritzgefahr!) und bei milder Hitze kochen, bis sich der hart gewordene Karamel gelöst hat.
Inzwischen die Äpfel schälen und vierteln, die Kerngehäuse herausschneiden. Die Apfelviertel in je 3 Längsspalten schneiden. In den Karamelsud geben und bei milder Hitze ca. 5 Minuten glasig dünsten. Dabei einmal wenden. Dann mit der Schaumkelle herausnehmen und abtropfen lassen. Die Wacholderbeeren zerdrücken und mit der Sahne zu dem Sud geben. Etwa 5 Minuten bei starker Hitze im offenen Topf unter Rühren einkochen. Dann durch ein feines Sieb abgießen. Die Sauce mit dem Schneidstab des Handrührers schaumig aufschlagen.
Auf 4 große Teller verteilen. Die Äpfel darauf anrichten. Blaubeeren ebenfalls auf die Teller verteilen. Mit dem braunen Zucker bestreuen. Zuletzt einen Löffel Eis zugeben und sofort servieren.

Vorbereitungszeit: ca. 20 Minuten
Garzeit: ca. 10 Minuten
Pro Portion etwa 4 g Eiweiß, 14 g Fett, 50 g Kohlenhydrate = 1529 Joule (366 Kalorien)

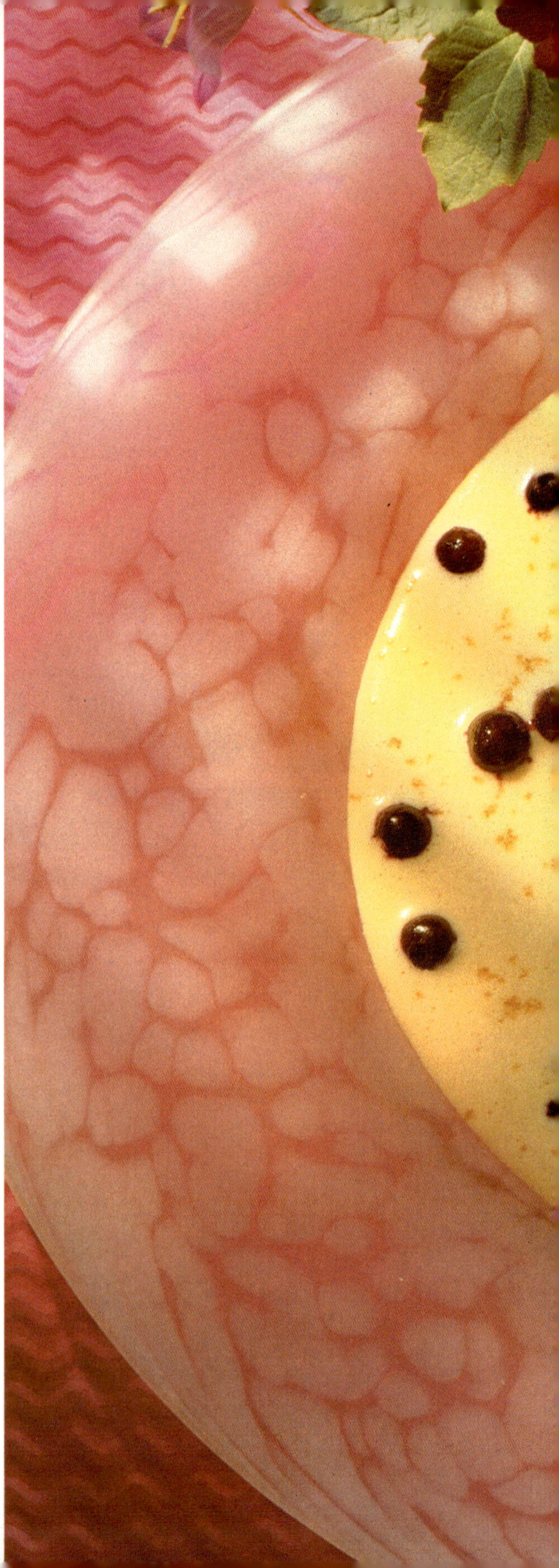

Marinierte Beeren mit Zimt-Zabaione

Für 4 Portionen:
1 Paket Erdbeeren (TK, 300 g)
1 Paket Blaubeeren (TK, 300 g)
1 Paket Himbeeren (TK, 300 g)
60 g Zucker oder
4 ml natreen-SÜSSE flüssig
2 El Aprikosengeist
abgeriebene Schale einer Limette
(ersatzweise Zitronenschale
von einer unbehandelten Frucht)
1-2 El Limettensaft
(ersatzweise Zitronensaft)
6 Eigelb (Gew.-Kl. 2)
4 El Weißwein
¼ l Schlagsahne
2 El Aprikosenlikör
1 Tl Zimt

Die Beeren in eine Schüssel geben, mit 30 g Zucker oder 2 ml natreen, Aprikosengeist, Limettenschale und Limettensaft marinieren. Zugedeckt an einem warmen Ort 30 Minuten auftauen lassen. Nach 20 Minuten Eigelb mit Weißwein, Sahne, Aprikosenlikör, Zimt und dem restlichen Zucker oder 2 ml natreen verrühren und bei milder Hitze (Automatikstufe 4-5) bis kurz vorm Kochen zu einer dicklichen Creme aufschlagen. Die Zimt-Zabaione zu den Beeren servieren.

Zubereitungszeit: 15 Minuten (ohne Auftauzeit)
Pro Portion etwa 80 g Eiweiß, 31 g Fett, 68 g Kohlenhydrate = 2747 Joule (657 Kalorien)
Kalorienersparnis durch natreen pro Portion: 255 Joule (60 Kalorien)

Marinierte Bananen

Für 4-6 Portionen:
1 große Zitrone (unbehandelt)
etwa 1 Bund Zitronenmelisse
2 El Zitronengelee
1 El Aprikosenkonfitüre
1 El bittere Orangenmarmelade
5 El Curaçao triple sec
8 kleine Bananen
⅛ l Schlagsahne
40 g Mandelblättchen (geröstet)

Die Zitrone heiß waschen, trocknen und abreiben. Die Zitronenmelisse (etwas zum Garnieren beiseite legen) hacken. Gelee, Konfitüre, Marmelade und Curaçao mit Zitronenschale und gehackter Melisse verrühren. Die Bananen aus der Schale lösen, schräg in Scheiben schneiden und auf einer Platte anrichten. Die Mischung darüberstreichen, mit Klarsichtfolie abdecken, sehr gut kühlen. Die Schlagsahne steif schlagen, die Mandelblättchen unterheben. Die Bananen mit Zitronenmelisse garnieren, die Sahne extra dazu reichen.

Zubereitungszeit: 20 Minuten (ohne Kühlen)
Pro Portion (bei 6 Portionen) etwa 3 g Eiweiß, 10 g Fett, 45 g Kohlenhydrate = 1429 Joule (341 Kalorien)

Unser Tip: Man kann die Bananen gut durch gehäutete Pfirsichspalten ersetzen.

Gratinierte Aprikosen mit Walnußeis

Für 4 Portionen:
500 g Aprikosen (möglichst reife)
4 El Puderzucker
4 El Aprikosengeist
20 g Butter für die Form und für Flöckchen
1/4 l Schlagsahne
1 El Aprikosenlikör (ersatzweise Orangenlikör)
1 Pkt. Vanillinzucker
1 Pkt. Walnußeiscreme

Die Aprikosen kurz in kochendes Wasser tauchen, dann herausnehmen, mit kaltem Wasser abschrecken, häuten, halbieren und entsteinen. Mit 2 El Puderzucker und dem Aprikosengeist mischen und abgedeckt kurze Zeit ziehen lassen. Eine feuerfeste Form mit etwas Butter ausstreichen. Die Aprikosen hineingeben. Mit dem restlichen Puderzucker bestäuben, die restliche Butter in Flöckchen darauf verteilen. Im Backofen unter dem Grill etwa 7 Minuten bräunen.
In der Zwischenzeit die Schlagsahne steif schlagen und mit dem Likör und dem Vanillinzucker abschmecken. Die heißen Aprikosen mit dem Walnußeis und der Sahne in Portionsschälchen anrichten und sofort servieren.

Vorbereitungszeit: ca. 30 Minuten
Garzeit: ca. 7 Minuten
Pro Portion etwa 5 g Eiweiß, 33 g Fett, 54 g Kohlenhydrate = 2573 Joule (615 Kalorien)

C. HUGO POTT

Gefüllte Ananas

Zum Foto rechts oben

Für 6 Portionen:
1 große Ananas (ca. 1,5 kg)
25 ccm Ananasnektar (fertig gekauft)
3 El Zucker oder
3 ml natreen-SÜSSE flüssig
5 cl Grenadinesirup, 1 großer Granatapfel
3 Blatt weiße Gelatine, ½ l Schlagsahne

Die Ananas längs halbieren, den Stielansatz abschneiden. Das Fruchtfleisch ringsum mit einem Messer von der Schale schneiden, den Strunk keilförmig herausschneiden. Das Fruchtfleisch zuletzt mit einem Eßlöffel vom Boden der Schale lösen, je einmal längs durchschneiden, dann quer in Scheiben schneiden. Ein paar Ananasstücke zum Garnieren beiseite legen. Die anderen mit Ananasnektar, Zucker oder natreen und 3 cl Grenadinesirup in einem kleinen Topf kurz aufkochen, dann abkühlen lassen.
Die ausgehöhlten Ananashälften mit dem restlichen Grenadine auspinseln. Den Granatapfel halbieren, die Kerne mit einem Teelöffel vorsichtig aus der Schale heben. Ein paar Kerne zum Garnieren beiseite legen. Die Gelatine in kaltem Wasser einweichen, dann tropfnaß bei milder Hitze unter Rühren auflösen. 3 El Sahne mit der Gelatine verrühren, die restliche Sahne steif schlagen, Gelatine darunterheben. 15 Minuten in den Kühlschrank stellen.
Zum Anrichten die aufgekochte Ananas und die Granatapfelkerne unter die Sahne mischen und in die Ananashälften geben. Mit Ananasstückchen und den restlichen Kernen garnieren.

Zubereitungszeit: 50 Minuten
Pro Portion etwa 3 g Eiweiß, 27 g Fett, 34 g Kohlenhydrate = 1625 Joule (388 Kalorien)
Kalorienersparnis durch natreen pro Portion: 126 Joule (30 Kalorien)

Birnen mit heißer Rumsauce

Zum Foto rechts unten

Für 6 Portionen:
½ l trockener Weißwein
2 El Zitronensaft
6 reife Birnen (etwa 600 g)
130 g Zucker
4 Eigelb
6 cl Rum
1 Vanilleschote
5 El Schlagsahne

Weißwein und Zitronensaft mischen. Die Birnen so schälen, daß der Stiel erhalten bleibt, und sofort in den Weißwein legen. 100 g Zucker in einem nicht zu breiten Topf karamelisieren lassen, dann den Wein zugießen. Etwa 5 Minuten kochen lassen, bis der Zucker sich gelöst hat. Die Birnen (evtl. portionsweise) im Karamelsud pochieren, dabei mehrmals wenden. Im Sud kalt werden lassen. Etwas abtropfen lassen und auf Portionsteller stellen.
Für die Sauce Eigelb, den restlichen Zucker, ⅛ l Karamelsud, Rum das ausgekratzte Vanillemark mit der Sahne in einem Topf (möglichst mit Kupfer- oder Sandwichboden und nicht zu hoch) verrühren. Bei milder Hitze (Automatikstufe 4-5 oder Normalstufe 1) unter Rühren mit dem Schneebesen so lange erwärmen, bis die Sauce eine dicke, schaumige Konsistenz hat (etwa 10 Minuten). Die Sauce über die Birnen gießen.

Vorbereitungszeit: 15 Minuten
Garzeit: insgesamt 10 bis 12 Minuten
Pro Portion etwa 3 g Eiweiß, 9 g Fett, 32 g Kohlenhydrate = 1367 Joule (327 Kalorien)

Zimtschupfnudeln mit Birnen-Feigen-Kompott

Für 8 Portionen:
Zimtschupfnudeln:
400 g mehligkochende Kartoffeln
150 g Mehl, 1 Ei (Gew.-Kl. 2)
1 Tl Zimt, 1 Prise Salz
Mehl zum Ausrollen
50-60 g Butterschmalz zum Braten
Kompott:
6-8 aromatische Birnen (ca. 750 g)
1 Vanilleschote
2 El Puderzucker
3/8 l kräftiger Rotwein
8 frische blaue Feigen
10 g Speisestärke

Die Kartoffeln am Vortag kochen und pellen. Durch eine Kartoffelpresse drükken und in einer Schüssel mit Mehl, Ei, Zimt und einer Prise Salz verkneten. Vom Teig jeweils einen knappen Teelöffel abnehmen und zwischen den bemehlten Handflächen zu fingerlangen Nudeln rollen (ergibt 35-40 Stück).
Für das Kompott die Birnen schälen und vierteln, Kerngehäuse entfernen, Viertel in Spalten schneiden. Die Vanilleschote aufschneiden. Puderzucker in einem Topf karamelisieren lassen, mit dem Rotwein ablöschen. Die Vanilleschote zugeben und durchkochen, bis der Karamel gelöst ist. 1/8 l Flüssigkeit abnehmen. Die Birnenspalten im Wein zugedeckt gar dünsten. Die Feigen schälen und vierteln. Die Speisestärke in dem 1/8 l Flüssigkeit anrühren. Die Birnen in einem Sieb abtropfen lassen. Die Flüssigkeit auffangen und in einem Topf zum Kochen bringen. Mit der angerührten Speisestärke leicht binden. Birnenspalten und Feigenviertel

Fortsetzung Seite 192

vorsichtig zugeben. Das Kompott lauwarm werden lassen.
Vor dem Servieren Nudeln portionsweise in Butterschmalz bei mittlerer Hitze goldbraun braten. Zwischendurch wenden. (Fertige Schupfnudeln im Ofen warm halten.) Heiße Nudeln auf dem lauwarmen Kompott servieren.

Vorbereitungszeit: 70 Minuten insgesamt
Garzeit: Kompott 8-10 Minuten
Schupfnudeln: 8-10 Minuten pro Pfanne
Pro Portion etwa 6 g Eiweiß, 18 g Fett, 42 g Kohlenhydrate = 719 Joule (172 Kalorien)

●●●●●●●●●●●●●●●●●●●●●●●●●●●●●●

Unser Tip: Wenn es keine frischen Feigen gibt, können Sie statt dessen Backpflaumen ohne Stein verwenden: Weichen Sie die Pflaumen vorher eine Stunde in dem Rotwein ein.

●●●●●●●●●●●●●●●●●●●●●●●●●●●●●●

Flambierte Pflaumen

Zum Foto rechts

Für 4 Portionen:
150 g Zucker oder
7 ml natreen-SÜSSE flüssig
1 kleines Stück Ingwerwurzel
(ersw. Ingwerpulver)
750 g Pflaumen (oder Zwetschgen)
1 gestr. El Speisestärke (10 g)
5 cl Zwetschgenwasser

¼ l Wasser mit Zucker und geriebenem Ingwer 10 Minuten kochen lassen. Bei Verwendung von natreen Wasser und Ingwer aufkochen, dann natreen dazugeben. Pflaumen waschen, 10 Minuten im Sud ziehen lassen. Mit der Schaumkelle herausnehmen und in eine vorgewärmte Schüssel geben. Speisestärke in 1 cl Zwetschgenwasser anrühren, den Sud damit binden, heiß über die Pflaumen geben. Das restliche Zwetschgenwasser erwärmen, bei Tisch anzünden und brennend über die Pflaumen geben.

Vorbereitungszeit: 5 Minuten
Garzeit: insgesamt 20 Minuten
Pro Portion etwa 1 g Eiweiß, 0 g Fett, 65 g Kohlenhydrate = 1246 Joule (298 Kalorien)
Kalorienersparnis durch natreen pro Portion: 637 Joule (150 Kalorien)

●●●●●●●●●●●●●●●●●●●●●●●●●●●●●●

Unser Tip: Man kann den frischen geschälten Ingwer auch durch die Knoblauchpresse drücken.

●●●●●●●●●●●●●●●●●●●●●●●●●●●●●●

Rumtopfsülze mit Vanillesauce und Himbeermark

Für 8 Portionen:

Rumtopfsülze:

½ l Rumtopffrüchte
6 Blatt weiße Gelatine

Die Rumtopffrüchte mit der Flüssigkeit in ein Sieb gießen und die Flüssigkeit auffangen. Die Gelatine kalt einweichen. Die Rumtopfflüssigkeit erwärmen und die ausgedrückte Gelatine darin auflösen. Die Rumtopffrüchte randhoch in eine kleine Kastenform schütten. Die Gelatineflüssigkeit zugießen, im Kühlschrank fest werden lassen.

Vorbereitungszeit: 10-12 Minuten
Zeit zum Gelieren: möglichst über Nacht; sonst 4-5 Stunden
Pro Portion etwa 1 g Eiweiß, 0 g Fett, 33 g Kohlenhydrate = 816 Joule (195 Kalorien)

Vanillesauce:

1 Vanilleschote
30 g Zucker, Salz
¼ l Milch, ⅛ l Schlagsahne
4 Eigelb (Gew.-Kl. 2)

Die Vanilleschote aufschlitzen und das Mark herauskratzen. Schote und ausgekratztes Mark mit Zucker, 1 Prise Salz, Milch und Sahne zum Kochen bringen. Eigelb mit etwas heißer Vanillemilch mit dem Schneebesen verquirlen. Das verquirlte Eigelb mit dem Schneebesen unter die kochende Vanillemilch rühren. Topf vom Herd nehmen. Die Vanillemilch mit dem Schneebesen weiterschlagen, bis eine leicht cremige Sauce entsteht und kalt stellen.

Zubereitungszeit: 25 Minuten
Pro Portion etwa 3 g Eiweiß, 9 g Fett, 6 g Kohlenhydrate = 513 Joule (123 Kalorien)

Himbeermark:

300 g Himbeeren (TK)
40 g Zucker

Die Himbeeren nebeneinandergelegt auftauen lassen. Zucker und 4 El Wasser kochen lassen, bis die Flüssigkeit leicht sirupartig ist. Die Himbeeren in eine Schüssel geben. Den Zuckersirup darübergießen. Die Himbeeren mit dem Schneidstab pürieren. Das Himbeerpüree durch ein feines Sieb streichen, kalt stellen.

Zubereitungszeit: 20 Minuten ohne Auftauen
Pro Portion etwa 1 g Eiweiß, 0 g Fett, 8 g Kohlenhydrate = 150 Joule (36 Kalorien)

Die Rumtopfsülze mit einem in heißes Wasser getauchten spitzen Messer vorsichtig vom Rand der Form lösen. Die Form stürzen, die Sülze auf eine möglichst ebene Platte gleiten lassen. Die Sülze in 8 Scheiben schneiden. Jeweils eine Scheibe auf einen großen, flachen Teller legen. Einen kleinen Tortenring oder einen großen, runden Ausstecher (12 cm Ø) um die Scheibe herumsetzen. Den Zwischenraum zwischen Sülze und Ring dünn mit Vanillesauce ausgießen. Das Himbeermark außen etwa 4-5 cm breit um den Ring herumgießen. Den Ring vorsichtig abheben, so daß Vanillesauce und Himbeermark getrennt bleiben. In dieser Art alle acht Teller vorbereiten. In kreisenden Bewegungen und von innen nach außen die weiße Vanillesauce mit einem Löffelstiel durch das rote Himbeermark ziehen.

1986

Birnen in Blätterteig

Für 4 Portionen:
Blätterteig:
250 g Mehl und zusätzlich etwas Mehl zum Ausrollen
2 Tl Backpulver, 1 Prise Salz
1 Pkt. Vanillinzucker
250 g Magerquark
200 g Butter (gut gekühlt)
Mandelkaramel und Birnen:
125 g Puderzucker
100 g Mandeln (gestiftelt)
1/8 l Schlagsahne
4 große Birnen
20 g frischer Ingwer, 1/4 l Weißwein
50 g Zucker oder
4 ml natreen-SÜSSE flüssig
Schale von einer unbehandelten Zitrone
2 Eier (getrennt), 2 Tl Milch

250 g Mehl auf die Arbeitsplatte schütten und eine Mulde hineindrücken. Backpulver, Salz und Vanillinzucker auf dem Rand verteilen. Den Quark in ein Tuch geben und gut ausdrücken. Zusammen mit der kalten, grob gewürfelten Butter in die Mehlmulde geben und von der Mitte aus alle Zutaten rasch zu einem Teig zusammenkneten (zu Beginn am besten mit einer Palette, dann mit den Händen). Die Butter soll dabei noch etwas stückig im Teig sein. Dann die Arbeitsfläche bemehlen und den Teig darauf zu einem Quadrat von etwa 35 x 35 cm ausrollen, in drei Lagen zusammenfalten, und zugedeckt etwa 20 Minuten kalt stellen. Diesen Vorgang (ausrollen, zusammenfalten und kalt stellen) dreimal wiederholen.

Dann den Mandelkaramel herstellen. Dazu den Puderzucker als Häufchen in einen Topf (am besten mit Kupferboden) geben. Wenn der Zucker geschmolzen ist, die Mandelstifte zugeben und unter Rühren so lange rösten, bis alles eine goldbraune Farbe hat. Dann vorsichtig die Sahne zugießen und unter Rühren weiterkochen, bis sich alles zu einer dickflüssigen Masse verbunden hat. Beiseite stellen.

Die Birnen schälen, längs halbieren, das Kerngehäuse herausschneiden. Den Ingwer schälen und fein würfeln. Weißwein, Zucker oder natreen, Ingwerwürfel und dünn abgeschälte Zitronenschale zusammen aufkochen. Zitronenschale entfernen und die Birnen in dem Sud bei milder Hitze 8-10 Minuten pochieren, evtl. einmal wenden. In einem Durchschlag abtropfen und kalt werden lassen.

Blätterteig auf einer bemehlten Arbeitsfläche zu einem Rechteck von ca. 35 x 45 cm ausrollen und in 4 gleich große Rechtecke teilen. Die Ränder mit Eiweiß bepinseln. Birnenhälften mit Karamel füllen und wieder zu ganzen Birnen zusammensetzen. Je eine Birne auf ein Teigstück setzen. Den Teig über der Birne zusammenfalten und die Nahtstelle sehr gut zusammendrücken. Den überflüssigen Teig abschneiden, wieder ausrollen und kleine Taler von ca. 3,5 cm Durchmesser daraus ausstechen. Mit Eiweiß bepinseln und oben als Abschluß auf die Teigbirnen setzen. Eigelb mit der Milch gut verrühren. Die Birnen auf ein mit Backtrennpapier ausgelegtes Blech setzen und mit dem Eigelb bepinseln. Bei 200 Grad (Gas 3) im Backofen 20-25 Minuten backen. Noch warm als Dessert servieren.

Vorbereitungszeit: ca. 1 1/2 Stunden
Garzeit: 20-25 Minuten
Umluft: 25-30 Minuten bei 200 Grad
Pro Portion etwa 28 g Eiweiß, 71 g Fett, 127 g Kohlenhydrate = 5505 Joule (1316 Kalorien)
Kalorienersparnis durch natreen pro Portion: 209 Joule (50 Kalorien)

Melonenkugeln mit Campari

Für 4 Portionen:
1 reife Ogen- oder Cantaloup-Melone
8 cl Campari
½ Pkt. Zitronensorbet (250 ccm)

Die Melone halbieren, entkernen und mit einem Kugelausstecher ausstechen. Die Kugeln mit dem Campari übergießen und im Kühlschrank eine Stunde durchziehen lassen. Zitronensorbet auf 4 Gläser verteilen, die Melonenkugeln darübergeben und sofort servieren.

Zubereitungszeit: 20 Minuten (ohne Kühlzeit)
Pro Portion etwa 2 g Eiweiß, 1 g Fett, 25 g Kohlenhydrate = 718 Joule (171 Kalorien)

Unser Tip: Man kann das angetaute Zitronensorbet mit dem Campari pürieren und dann über die Melonenkugeln oder Erdbeeren gießen und servieren.

SUPPEN UND KALTSCHALEN

Kaltschalen sind ein ideales Sommerdessert: Sie sind erfrischend und fruchtig, und sie schmecken nach leichten und schwereren Hauptgerichten. Zur optischen — und sensorischen — Freude kann man sie mit Croûtons oder Schneeklößchen servieren oder mit gehackten Nüssen bestreuen. Außerdem sind sie gut vorzubereiten: Man stellt sie fix und fertig in den Kühlschrank, und wer Lust darauf hat, nimmt sich einen Teller davon (das sieht hinterher gar nicht angegessen aus — wie bei Cremes zum Beispiel!). Jeder Monat hat seine eigene Kaltschale: Im Mai ist es die mit Rhabarber, im Juni die mit Erdbeeren, im Juli gibt es Himbeer- und Johannisbeer-Kaltschale, im August Blaubeer-Kaltschale. Wer die Reihe dann im Herbst und Winter fortsetzen will, kann das mit tiefgefrorenen Früchten tun. Oder mit den verschiedenen Zitrusfrüchten.

Erfrischende Johannisbeer-Kaltschale mit Weißwein und Zimtbrotwürfeln. Rezept nächste Seite

Johannisbeer-Kaltschale mit Zimtbrotwürfeln

Zum Foto auf Seite 201

Für 4 Portionen:
375 g Johannisbeeren (rot)
75 g Johannisbeeren (schwarz)
¼ l Weißwein (trocken)
75 g Zucker oder
5 ml natreen-SÜSSE flüssig
1 Stange Zimt
etwa 1 Tl Toastbrot
30 g Butter, 20 g Puderzucker
Zimt (gemahlen)

Rote und schwarze Johannisbeeren getrennt waschen und abtropfen lassen, von den Rispen streifen. 300 g rote Johannisbeeren mit ⅛ l Wasser, dem Wein, Zucker oder natreen und der Zimtstange bei milder Hitze zum Kochen bringen. Einige Minuten kochen lassen, dann in ein Sieb gießen. Die Zimtstange entfernen, das Fruchtfleisch durch das Sieb streichen und in einem Topf wieder zum Kochen bringen. Die Speisestärke mit etwas Wasser anrühren, die Kaltschale damit binden. Die restlichen Beeren in die Kaltschale geben und sehr gut durchkühlen lassen (am besten über Nacht).
Für die Zimtbrotwürfel das Toastbrot entrinden und in kleine Würfel schneiden. In Butter goldbraun rösten, mit Puderzucker und Zimt bestreuen und kalt werden lassen. Extra zur Kaltschale reichen. Wer mag, kann zusätzlich eiskalte, flüssige Sahne dazu reichen.

Zubereitungszeit: 40 Minuten
Pro Portion (ohne Sahne) etwa 2 g Eiweiß, 6 g Fett, 43 g Kohlenhydrate = 1248 Joule (298 Kalorien)
Kalorienersparnis durch natreen pro Portion: 314 Joule (75 Kalorien)

Melonen-Kaltschale

Zum Foto rechts

Für 4-6 Portionen:
125 g grüne Weintrauben
125 g Aprikosen
1 Apfel, 1 Netzmelone
3-4 El Zitronensaft, ½ l Weißwein
1 gestr. Tl Speisestärke
1 El Honig, 50 g Pinienkerne

Alle Früchte waschen. Die Trauben halbieren, die Aprikosen halbieren und entsteinen, den Apfel halbieren, vom Kerngehäuse befreien und in dünne Scheiben schneiden. Die Melone halbieren und entkernen. Die eine Hälfte achteln, von der Schale lösen und in Stücke schneiden, aus der anderen Hälfte mit einem Kugelausstecher Kugeln ausstechen. Melonenstücke mit Trauben, Aprikosen und dem Apfel in einem Topf mit Zitronensaft und Wein zum Kochen bringen und bei milder Hitze zugedeckt 20 Minuten kochen lassen. Dann die Suppe durch ein Haarsieb gießen und noch einmal zum Kochen bringen. Inzwischen die Speisestärke mit wenig Wasser glattrühren, in die Suppe geben und einmal aufkochen lassen. Die Suppe mit Honig abschmecken, die Melonenkugeln hineingeben. Suppe kalt werden lassen. Pinienkerne in einer Pfanne ohne Fett goldbraun rösten. Vor dem Servieren über die Kaltschale streuen.

Vorbereitungszeit: ca. 1 Stunde
Garzeit: ca. 25 Minuten
Pro Portion (bei 4 Portionen) etwa 4 g Eiweiß, 6 g Fett, 28 g Kohlenhydrate = 1125 Joule (269 Kalorien)

Beeren-Kaltschale mit Schneeklößchen

Für 4 Portionen:
750 g rote Johannisbeeren
500 g Himbeeren, 200 g Zucker oder
10 ml natreen-SÜSSE flüssig
1 Vanilleschote
abgeriebene Zitronenschale
1/2 l Weißwein, 1 El Speisestärke
1 Eiweiß, 1 El Zucker
1/2 Paket Vanillinzucker
1 Prise Salz

Johannisbeeren waschen und von den Rispen streifen. Himbeeren verlesen. Die Hälfte der Früchte pürieren und in einen Topf geben. Die übrigen Früchte kühl stellen. Zucker oder natreen, das Mark der Vanilleschote und die Zitonenschale über die pürierten Früchte geben. Vom Weißwein etwas zum Anrühren der Speisestärke abnehmen, den Rest in den Topf gießen. Alles schnell zum Kochen bringen, die angerührte Speisestärke einrühren und die Masse einmal kurz aufkochen lassen, in eine Schüssel gießen und kühl stellen. Die Früchte vorsichtig unter die abgekühlte Kaltschale mischen.
Für die Schneeklößchen Eiweiß sehr steif schlagen, Zucker, Vanillinzucker und eine Prise Salz unterschlagen. In einem breiten Topf Wasser zum Sieden bringen, Temperatur herunterschalten. Mit einem Löffel von dem Eiweiß Klößchen abstechen und auf das Wasser setzen (es darf jetzt nicht mehr kochen!), zugedeckt in 5 Minuten gar ziehen lassen, dann auf die Kaltschale geben.

Vorbereitungszeit: 30 Minuten
Garzeit: 2 und 5 Minuten
Pro Portion etwa 5 g Eiweiß, 1 g Fett, 84 g Kohlenhydrate = 1864 Joule (445 Kalorien)
Kalorienersparnis durch natreen pro Portion: 837 Joule (200 Kalorien)

Zitronensuppe

Für 4 Portionen:
¼ l Weißwein
3 Zitronen (unbehandelt)
70 g Sago, 100 g Zucker oder
5 ml natreen-SÜSSE flüssig, 2 Eier
1 Tl Zucker, 50 g Suppenmakronen

¾ l Wasser mit dem Wein mischen und zum Kochen bringen. Inzwischen die Zitronen heiß abwaschen und hauchdünn schälen. Sago und Zucker in die kochende Flüssigkeit rieseln lassen oder natreen dazugeben und unter Rühren einmal aufkochen, dann bei milder Hitze 15 Minuten ausquellen lassen. In den letzten 3 Minuten die Zitronenschale mitziehen lassen, dann herausnehmen, damit sie keine Bitterstoffe absondern kann.
1 bis 1½ Zitronen auspressen und nach Geschmack 6 bis 7 El Saft in die Suppe geben. Die Eier trennen. Eiweiß mit 1 Tl Zucker zu einem sehr steifen Schnee schlagen. Mit zwei nassen Eßlöffeln Klöße abstechen, auf ein mit Backtrennpapier belegtes Backblech setzen und kurz im Backofen bei starker Oberhitze (250 Grad, Gas 5, Umluft: 9 Minuten) unterm Grill überbräunen. Das Eigelb verquirlen und in die nicht mehr kochende Suppe rühren. Mit Suppenmakronen und Baisers heiß servieren. Eventuell mit einer Zitronenscheibe garnieren.

Vorbereitungszeit: ca. 15 Minuten
Garzeit: ca. 15 Minuten
Pro Portion etwa 5 g Eiweiß, 6 g Fett, 46 g Kohlenhydrate = 1313 Joule (314 Kalorien)
Kalorienersparnis durch natreen pro Portion: 418 Joule (100 Kalorien)

Blaubeer-Kaltschale

Für 6 Portionen:
375 g Blaubeeren
1 Zitrone (unbehandelt)
150 g Zucker oder
9 ml natreen-SÜSSE flüssig
1 Zimtstange
20 g Speisestärke
¹/₄ l Rotwein, 500 g säuerliche Äpfel
50 g Suppenmakronen

Die Blaubeeren verlesen, waschen, in einem Durchschlag abtropfen lassen. Die Zitrone heiß abwaschen, abtrocknen, dünn schälen, auspressen. 250 g Blaubeeren mit ³/₈ l Wasser, Zucker oder natreen, Zimtstange, Saft und Schale der Zitrone zusammen 8 bis 10 Minuten kochen, durch ein Sieb streichen und nochmals zum Kochen bringen. Speisestärke mit Rotwein verrühren. Die Blaubeersuppe damit binden und mindestens 2 Stunden kalt stellen. Die restlichen Blaubeeren mit Folie abdecken und kühl stellen. Die Äpfel schälen, vierteln, Kerngehäuse entfernen. Die Apfelviertel in Spalten schneiden und in wenig Wasser in 4 bis 5 Minuten gar dünsten. Sie dürfen nicht zerfallen! Die Apfelspalten mit der Schaumkelle in einen Durchschlag heben und erst unmittelbar vor dem Servieren mit den restlichen Blaubeeren in die eiskalte Kaltschale geben. Die Blaubeer-Kaltschale in Suppentassen oder tiefen Tellern anrichten und mit Suppenmakronen bestreuen.

Vorbereitungszeit: 40 Minuten
Kühlzeit: 2 Stunden
Pro Portion etwa 1 g Eiweiß, 3 g Fett, 51 g Kohlenhydrate = 1110 Joule (265 Kalorien)
Kalorienersparnis durch natreen pro Portion: 418 Joule (100 Kalorien)

Rhabarber-Weißwein-Suppe

Zum Foto rechts oben

Für 4 Portionen:
500 g Rhabarber
1 Vanilleschote
1 Flasche Weißwein (Spätlese)
4 Scheiben Weißbrot
50 g Pistazienkerne
30 g Butter

Den Rhabarber waschen und in Stücke schneiden. Die Vanilleschote aufschlitzen. Rhabarber mit Vanilleschote und Weißwein 30 Minuten kochen, dann ohne Druck durch ein feines Sieb gießen und kalt stellen. Kurz vor dem Servieren die Weißbrotscheiben rund ausstechen, die Pistazienkerne hacken. Die Brotscheiben mit Butter bestreichen und mit Pistazienkernen bestreuen. 3-5 Minuten auf mittlerer Einschubleiste unter den Grill schieben und zur eiskalten Suppe servieren.

Vorbereitungszeit: 20 Minuten
Garzeit: 35 Minuten insgesamt
Pro Portion etwa 6 g Eiweiß, 13 g Fett, 19 g Kohlenhydrate = 1809 Joule (351 Kalorien)

Süße Kokossuppe mit Mango

Zum Foto rechts unten

Für 4 Portionen:
250 g getrocknete Kokosraspel
¾ l Milch
¼ l Schlagsahne
1 El Zucker
Salz
50 g frische Kokosnuß
2 Tl Speisestärke
1 reife Mango (300 g)

Kokosraspel mit Milch und Schlagsahne langsam zum Kochen bringen, 20 Minuten leise offen kochen lassen, durch ein Mulltuch abgießen und gut ausdrücken, Kokosmilch mit Zucker und 1 Prise Salz würzen.
Kokosnußstück mit dem Sparschäler schälen, in der Moulinette (oder auf der Haushaltsreibe) fein raspeln und in einer Pfanne ohne Fett und unter Rühren goldbraun rösten.
Speisestärke mit etwas Wasser anrühren, Kokosmilch wieder zum Kochen bringen, mit der angerührten Speisestärke binden und einmal aufkochen lassen.
Die Mangofrucht schälen und in Spalten vom Stein schneiden. Mangospalten in Suppenteller geben, die Suppe darüber gießen und zum Schluß die gerösteten Kokosraspel darauf streuen. Diese Suppe kann auch kalt serviert werden.

Vorbereitungszeit: 15 Minuten
Garzeit: insgesamt 25 Minuten
Pro Portion etwa 12 g Eiweiß, 69 g Fett, 32 g Kohlenhydrate = 3401 Joule (813 Kalorien)

VITROSAX ITALY

Rhabarber-Erdbeer-Suppe

Für 4 Portionen:
Suppe:
500 g Rhabarber
125 g Zucker
¼ l Weißwein
1 Paket Himbeeren (TK, 250 g)
500 g Erdbeeren
Schneeklößchen:
1 Eiweiß
7 Tl Zucker
1 Tl Zimt

Rhabarber abziehen und in Stücke schneiden. Zucker in einem Topf karamelisieren lassen, Wein zugeben und so lange rühren, bis sich der Zucker gelöst hat. Dann Himbeeren und den Rhabarber zugeben und zugedeckt 10 Minuten garen. Inzwischen die Erdbeeren waschen und vierteln.

Das Eiweiß zu steifem Schnee schlagen, dann nach und nach 2 Tl Zucker unterrühren. Von der Masse 12 Klößchen abstechen und in kochendes Wasser setzen. Zugedeckt bei milder Hitze 10 Minuten ziehen lassen. Die Suppe durch ein Sieb streichen, die Erdbeeren zugeben (nicht mehr kochen lassen). Die Schneeklößchen auf die Suppe setzen. Restlichen Zucker mit Zimt mischen und darüberstreuen. Lauwarm servieren.

Vorbereitungszeit: 20 Minuten
Garzeit: 10 Minuten
Pro Portion etwa 4 g Eiweiß, 0 g Fett, 70 g Kohlenhydrate = 1417 Joule (339 Kalorien)

Unser Tip: Beeren-Kaltschalen muß man nicht unbedingt mit frischen Beeren zubereiten. Man kann genausogut tiefgefrorene Beeren verwenden.

CREMES UND MOUSSES

Zu den anspruchsvollsten Desserts gehören zweifellos die Cremes und Mousses: Die 3-Sterne-Köche bereiten sie in immer größerer Vielfalt zu, aber sie gehören auch zu den Standards jedes Pariser Bistros. Dabei ist die Creme ein verhältnismäßig junges Dessert: Sie wurde erst Ende des letzten Jahrhunderts erfunden.
Die norddeutsche Variante der französischen Creme beschreibt Thomas Mann übrigens auch in den Buddenbrooks: die Mandelcreme aus Eiern, geriebenen Mandeln und Rosenwasser.
Der Name „Creme" bedeutet, aus dem Französischen übersetzt, Sahne – und das ist bis heute auch noch ihr Hauptbestandteil. Man kann sie dann mit Gewürzen wie Vanille oder Zimt aromatisieren, Früchte oder Eiermilch als Basis verwenden, Wein oder Spirituosen zugeben, sie mit Schokolade oder Kakao zubereiten.
Fest wird die Creme meist durch Gelatine – und das ist für viele Leute Grund genug, sie nicht zu machen. Dabei gibt es bei Gelatine kaum Probleme (siehe Seite 220). Wenn man erst mal mit der Gelatine umgehen kann, ist eine Creme das praktischste Dessert von der Welt: Man kann es schon am Vortag zubereiten und entspannt seinen Gästen servieren.

Joghurtcreme mit Rhabarberkompott und Zitronenmelisse. Rezept nächste Seite

Joghurtcreme mit Rhabarberkompott

Zum Foto auf Seite 215

Für 4 Portionen:
Creme:
3 Blatt weiße Gelatine, 2 Eigelb
60 g Puderzucker oder
4 ml natreen-SÜSSE flüssig
2 Tl abgeriebene Zitronenschale von einer unbehandelten Frucht
2 Tl Zitronensaft
2 Becher Sahnejoghurt (à 150 g)
¼ l Schlagsahne
Rhabarberkompott:
1 kg Rhabarber
150 g Zucker oder 100 g Zucker und
4 ml natreen-SÜSSE flüssig
1 El Zitronensaft
8 El Orangensaft (frisch gepreßt)
Garnitur:
Zitronenmelisse, Puderzucker

Gelatine in kaltem Wasser einweichen. Eigelb mit Puderzucker oder natreen sehr schaumig rühren. Zitronenschale und -saft zugeben. Den Joghurt unterrühren. Gelatine tropfnaß bei milder Hitze auflösen, zur Joghurtmasse geben und gut verrühren. Joghurtmasse kalt stellen. Sahne steif schlagen. Wenn die Joghurtmasse zu gelieren anfängt, die steif geschlagene Sahne unterheben. Die Schüssel mit Frischhaltefolie abdecken. Die Joghurtcreme kalt stellen.

Rhabarber waschen, putzen und in etwa 4 cm lange Stücke schneiden. 100 g Zukker in einen Topf (möglichst mit Kupferboden) schütten und goldbraun karamelisieren lassen. Mit Zitronen- und Orangensaft ablöschen. So lange weiterrühren, bis sich der Karamel völlig aufgelöst hat. Die Rhabarberstücke 5 Minuten darin garen. Dabei nicht zu viel rühren, damit die Stücke nicht zerfallen. Das Kompott mit dem restlichen Zucker oder natreen abschmecken und kalt stellen. Joghurtcreme und Rhabarberkompott gut gekühlt servieren. Mit Zitronenmelisse und Puderzucker garnieren.

Vorbereitungszeit: 50 Minuten
Garzeit: 5 Minuten
Pro Portion etwa 10 g Eiweiß, 27 g Fett, 68 g Kohlenhydrate = 2625 Joule (627 Kalorien)
Kalorienersparnis durch natreen pro Portion: 460 Joule (110 Kalorien)

Rumcreme

Zum Foto rechts

Für 6 Portionen:
4 Blatt weiße Gelatine
4 Eigelb (Gew.-Kl. 2)
65 g Zucker oder
5 ml natreen-SÜSSE flüssig
1 Pkt. Vanillinzucker
1 Prise Salz
etwas abgeriebene Zitronenschale von einer unbehandelten Frucht
6 El Rum (am besten Jamaica)
⅜ l Schlagsahne
50 g Borkenschokolade (Vollmilch)

Gelatine in kaltem Wasser einweichen. Eigelb mit Zucker oder natreen und Vanillinzucker sehr schaumig rühren. Salz, Zitronenschale und Rum zugeben. Gelatine tropfnaß bei milder Hitze auflösen, unter Rühren nach und nach zur Eimasse geben. Kalt stellen, bis die Creme zu gelieren beginnt (das dauert ungefähr 10 Minuten). Sahne steif aufschlagen, unter die Creme heben. In die Servierschüssel umfüllen und kalt stellen.

Vor dem Servieren mit der zerbröckelten Borkenschokolade bestreuen.

Zubereitungszeit: 15 Minuten
Pro Portion etwa 5 g Eiweiß, 27 g Fett, 19 g Kohlenhydrate = 1650 Joule (394 Kalorien)
Kalorienersparnis durch natreen pro Portion: 184 Joule (44 Kalorien)

Bayerische Creme mit Erdbeeren und Pistazien

Für 6 Portionen:
750 g Erdbeeren, 20 g Zucker oder
1 ml natreen-SÜSSE flüssig
3 El Arrak (Reisschnaps)
¼ l Milch, 1 Vanilleschote, Salz
7 Blatt weiße Gelatine
4 Eigelb, 150 g Puderzucker oder
7 ml natreen-SÜSSE flüssig und
50 g Puderzucker
30 g Pistazienkerne
⅜ l Schlagsahne, 1 Limette
100 g kleine Makronen

Erdbeeren waschen, abtropfen lassen und putzen. 250 g Erdbeeren zur Seite legen. 300 g Erdbeeren vierteln. 200 g Erdbeeren mit dem Schneidstab pürieren. Die geviertelten Erdbeeren mit dem Zucker oder natreen und dem Arrak mischen und zugedeckt zur Seite stellen. Für die Creme die Milch mit der aufgeschlitzten Vanilleschote und 1 Prise Salz langsam zum Kochen bringen. Die Gelatine in kaltem Wasser einweichen. Eigelb und 100 g Puderzucker oder 7 ml natreen schaumig-cremig aufschlagen. Die Vanilleschote aus der Milch nehmen. Die heiße Vanillemilch mit einem Schneebesen unter die Eigelbmasse schlagen. Die Mischung im heißen Wasserbad weiterschlagen, bis die Masse leicht cremig wird. Die Gelatine ausdrücken und in der Eicreme auflösen.

Die Pistazienkerne mittelfein hacken. ¼ l Sahne steif schlagen.

Die Creme im kalten Wasserbad weiterrühren, bis sie anfängt zu gelieren. Die steifgeschlagene Sahne und die Pistazien mit dem Schneebesen unterziehen. Die geviertelten Erdbeeren mit der Flüssigkeit unterheben. Die Creme in eine

Fortsetzung Seite 220

Schüssel mit flachem Boden (etwa 1½ l Inhalt) füllen und für 1 Stunde in den Kühlschrank stellen.
Den restlichen Puderzucker in einem Topf bei mittlerer Hitze schmelzen, aber nicht bräunen. Das Erdbeerpüree zugeben und so lange kochen, bis der Zucker sich gelöst hat. Die Limette dünn abreiben und auspressen. Saft und Schale unter das Erdbeerpüree rühren. Das Püree auskühlen lassen. Die Schüssel mit der Creme kurz in heißes Wasser tauchen. Die Creme auf eine Platte stürzen, die restliche Sahne steif schlagen. Die gestürzte Creme damit an den Seiten rundherum dick einstreichen. Die Makronen daraufdrücken. Die beiseite gestellten Erdbeeren halbieren und dicht an dicht auf die Oberfläche der Creme setzen. Das Püree über die Erdbeeren gießen.

Vorbereitungszeit: 1 Stunde, Kühlzeit: 1 Stunde
Pro Portion etwa 9 g Eiweiß, 32 g Fett, 48 g Kohlenhydrate = 2289 Joule (547 Kalorien)
Kalorienersparnis durch natreen pro Portion: 340 Joule (80 Kalorien)

●●●●●●●●●●●●●●●●●●●●●●●●●●●●

Unser Tip: Keine Probleme mit Gelatine: Zum Festigen von Cremes verwendet man meist Blatt- oder Pulvergelatine. Blattgelatine weicht man 5 Minuten in kaltem Wasser ein, dann drückt man sie entweder aus und löst sie in der warmen Creme auf. Oder man löst sie tropfnaß bei milder Hitze auf und gibt sie dann zur Creme. Pulvergelatine wird mit kaltem Wasser verrührt. Dann läßt man sie ausquellen und löst sie bei milder Hitze unter Rühren auf. Dann gibt man sie zur Creme. Anschließend wird die Creme in beiden Fällen kühl gestellt: Erst wenn man „Straßen ziehen" kann, werden Eischnee oder Sahne untergehoben. Die Creme wieder kühl stellen, bis sie fest ist.

●●●●●●●●●●●●●●●●●●●●●●●●●●●●

Zimtcreme mit Feigen

Für 4-6 Portionen:
Kompott:
8-12 frische Feigen, ⅛ l Portwein
3-4 El Zironensaft
1 El Zucker oder 1 ml natreen-SÜSSE flüssig, 1 Tl Speisestärke
Creme:
1 Vanilleschote, ½ l Schlagsahne
15 Zimtstangen, 8 Blatt weiße Gelatine
6 Eier (Gew.-Kl. 4), 100 g Zucker oder
5 ml natreen-SÜSSE flüssig, 2 El Cognac
2 Tl Zimt, 30 g Borkenschokolade

Die Feigen waschen, entstielen und vierteln. Portwein mit Zitronensaft, Zucker oder natreen und Stärke verrühren und aufkochen. Die Feigen 3 bis 5 Minuten darin pochieren, kalt stellen. Für die Creme das ausgekratzte Mark und die Vanilleschote mit der Sahne und den Zimtstangen 10 Minuten bei milder Hitze kochen lassen. Gelatine in kaltem Wasser einweichen. Eier trennen. Eigelb mit Zucker oder natreen, Cognac und Zimt sehr schaumig rühren. Die kochende Sahne durch ein Sieb gießen, die Gelatine darin auflösen, unter ständigem Rühren unter die Eigelbmase geben. Die Creme in Eiswasser stellen und kaltrühren. In den Kühlschrank stellen, bis die Creme zu gelieren beginnt (etwa 15 Minuten). Das Eiweiß sehr steif aufschlagen, ⅓ der Menge unter die Creme rühren, den Rest vorsichtig unterheben. Die Creme 1 bis 2 Stunden kalt stellen, mit zerbröckelter Borkenschokolade bestreuen und mit dem Feigenkompott anrichten.

Vorbereitungszeit: insgesamt 35 Minuten
Garzeit: 3-5 Minuten
Kühlzeit: etwa 1¼ bis 2¼ Stunde
Pro Portion (bei 6 Portionen) etwa 13 g Eiweiß, 34 g Fett, 45 g Kohlenhydrate = 2529 Joule (604 Kalorien)
Kalorienersparnis durch natreen pro Portion (bei 6 Portionen): 322 Joule (77 Kalorien)

Marmorierte Mousse au Chocolat

Für 6-8 Portionen:
Dunkle Mousse:
1½ Tafeln Schokolade, zartbitter (150 g)
6 El starker Kaffee
3 Eier (Gewichtsklasse 2)
1 El Zucker
1 Pkt. Vanillinzucker
⅛ l Schlagsahne
Weiße Mousse:
3 Blatt weiße Gelatine
1 Tafel weiße Schokolade (100 g)
⅛ l Schlagsahne
1 El Arrak (ersatzweise Rum)
3 Eier (Gewichtsklasse 2)
1 Pkt. Vanillinzucker
Schokolade zum Verzieren

Für die dunkle Mousse die Schokolade im Kaffee bei milder Hitze schmelzen lassen, dabei ständig umrühren. Die Eier trennen. Eigelb mit Zucker und Vanillinzucker mit den Quirlen des Handrührers sehr schaumig schlagen. Die Schokolade unter Rühren nach und nach unter die Eicreme ziehen. Das Ganze so lange kühl stellen, bis es anfängt, fest zu werden. Eiweiß und Sahne getrennt steif schlagen. Zuerst die Sahne, dann das Eiweiß vorsichtig unter die Creme ziehen.
Für die weiße Mousse die Gelatine in kaltem Wasser einweichen. Schokolade in Stücke brechen und mit der Hälfte der Sahne und dem Arrak in einem Topf bei milder Hitze schmelzen lassen, dabei umrühren.
Die Eier trennen. Eigelb mit Vanillinzukker und einem Eßlöffel warmem Wasser mit den Quirlen des Handrührers cremig aufschlagen. Die Gelatine ausdrücken, in

Fortsetzung Seite 224

der warmen Schokolade unter Rühren auflösen und die Mischung unter die Eicreme ziehen. Das Ganze so lange kühl stellen, bis es anfängt, fest zu werden. Das Eiweiß und die restliche Sahne getrennt steif schlagen. Zuerst die Sahne, dann das Eiweiß vorsichtig unter die weiße Creme ziehen.
Abwechselnd die weiße und die dunkle Mousse in vier bis fünf Schichten in eine Glasschüssel füllen, dann vorsichtig eine Gabel durch die Creme ziehen und die Creme kühl stellen. Kurz vor dem Servieren mit gehobelter Schokolade verzieren.

Zubereitungszeit: 30 Minuten
Pro Portion (bei 8 Portionen) etwa 9 g Eiweiß, 26 g Fett, 25 g Kohlenhydrate = 1614 Joule (386 Kalorien)

●●●●●●●●●●●●●●●●●●●●●●●●●●●●●

Unser Tip: Die weiße Mousse muß mit Gelatine zubereitet werden, denn weiße Schokolade enthält weniger Fett als braune. Sie macht die Creme darum nicht so fest wie die braune.

●●●●●●●●●●●●●●●●●●●●●●●●●●●●●

Rotweincreme mit Makronen und Weintrauben

Zum Foto rechts

Für 4 Portionen:
4 Blatt weiße Gelatine
2 Blatt rote Gelatine
4 Eigelb
125-150 g Puderzucker oder
5-6 ml natreen-SÜSSE flüssig und
60 g Puderzucker
3/8 l roter Rioja
(oder guter roter Burgunder)
250 g blaue Weintrauben
3/8 l Schlagsahne
100 g kleine Makronen
2 El Cognac

Weiße und rote Gelatine einweichen. Eigelb und Puderzucker oder natreen und Puderzucker sehr schaumig schlagen (etwa 10 Minuten), dann mit dem Rotwein verrühren. Gelatine tropfnaß bei milder Hitze auflösen, gut mit der Creme verrühren, zum Gelieren in den Kühlschrank stellen. Die Weintrauben waschen (ein paar zum Garnieren beiseite legen), halbieren und entkernen. Die Sahne steif schlagen. Wenn die Creme zu gelieren beginnt, die Sahne unterziehen. In die Servierschüssel etwas Creme geben, die Hälfte der Makronen darauf verteilen, 1 El Cognac darüberträufeln, die Hälfte der Trauben daraufgeben und mit etwas Creme bedecken. Einige Makronen zum Garnieren zurücklassen. Restliche Makronen, Cognac und Weintrauben einfüllen, mit der restlichen Creme bedecken und mit den zurückbehaltenen Makronen und Trauben garnieren. Bis zum Servieren kalt stellen.

Zubereitungszeit: 30 Minuten
Pro Portion etwa 10 g Eiweiß, 43 g Fett, 58 g Kohlenhydrate = 3119 Joule (744 Kalorien)
Kalorienersparnis durch natreen pro Portion: 335 Joule (80 Kalorien)

Vanillecreme mit Himbeeren

Für 12 Portionen:
5 Blatt rote Gelatine
9 Blatt weiße Gelatine
4 Vanilleschoten
½ l Milch
12 Eigelb (Gewichtsklasse 2)
60 g Zucker
200 g Johannisbeergelee
2 Pakete Himbeeren (tiefgekühlt, à 250 g)
½ l Schlagsahne

Rote und weiße Gelatine getrennt in kaltem Wasser einweichen. Vanilleschoten aufschneiden und auskratzen. Die Milch mit Mark und Schoten aufkochen lassen, dann durch ein Sieb gießen. Die weiße Gelatine tropfnaß in der heißen Milch auflösen.

Eigelb und Zucker mit den Quirlen des Handrührers sehr schaumig schlagen. Dann nach und nach die Vanillemilch unterrühren. Die Creme so lange kühl stellen, bis sie anfängt zu gelieren.

Inzwischen das Johannisbeergelee in einem Topf erwärmen und schmelzen lassen. Die Himbeeren dazugeben und auftauen lassen. Die rote Gelatine tropfnaß darin auflösen, dann die Himbeermasse kalt stellen, bis sie anfängt zu gelieren.

Wenn die Vanillecreme anfängt zu gelieren, die Sahne steif schlagen und vorsichtig mit einem Schneebesen unter die Creme heben. Noch mal 30 Minuten in den Kühlschrank stellen.

Die Hälfte der Vanillecreme in eine Glasschüssel füllen, darauf zwei Drittel der Himbeermasse geben. Die restliche Vanillecreme darauf verteilen. In die Mitte die restliche Himbeermasse geben, mit einer Gabel Straßen ziehen. Die Creme noch mal zwei Stunden kühl stellen.

Zubereitungszeit: 40 Minuten
Pro Portion etwa 7 g Eiweiß, 21 g Fett, 32 g Kohlenhydrate = 1654 Joule (395 Kalorien)

●●●●●●●●●●●●●●●●●●●●●●●●●●●●●

Unser Tip: Wenn die Gelatine-Speise zu fest ist, bevor man Sahne oder Eischnee untergezogen hat, kann man sie kurz über dem Wasserbad erwärmen, bis sie wieder geschmeidig – nicht flüssig – geworden ist. Dann hebt man Sahne oder Eischnee darunter.

●●●●●●●●●●●●●●●●●●●●●●●●●●●●●

Aprikosencreme

Für 6 Portionen:
1 kg Aprikosen, 150 g Zucker oder
11 ml natreen-SÜSSE flüssig
fein abgeriebene Schale einer
unbehandelten Zitrone
3 El Zitronensaft
6 El Aprikosengeist
6 Eigelb, 2 Vanilleschoten
6 Blatt weiße Gelatine
½ l Schlagsahne

Die Aprikosen waschen, entsteinen und vierteln. Mit 100 g Zucker oder 7 ml natreen, der fein abgeriebenen Zitronenschale und dem Zitronensaft in einem Topf zum Kochen bringen und bei sehr milder Hitze 10-15 Minuten zugedeckt dünsten. Die Aprikosen sollen weich sein, aber nicht zerfallen. Mit dem Aprikosengeist mischen. Dann auf ein Sieb geben, die Flüssigkeit (etwa ⅛ l) auffangen. Die Aprikosen in Portionsgläser füllen und kühl stellen.

Das Eigelb mit dem restlichen Zucker oder 4 ml natreen, dem ausgekratzten Mark der Vanilleschoten und 3 El des heißen Aprikosensafts zu einer dicklichen Creme aufschlagen. Gelatine in kaltem Wasser einweichen, ausdrücken und in dem restlichen, noch heißen Aprikosensaft auflösen. Das Gemisch nach und nach unter die Eicreme ziehen. Dann die Sahne sehr steif schlagen und unter die Creme ziehen, wenn sie zu gelieren beginnt. Die Creme über die Aprikosen verteilen. Nochmals kalt stellen.

Vorbereitungszeit: ca. 45 Minuten
Garzeit: 10-15 Minuten
Pro Portion ca. 7 g Eiweiß, 33 g Fett, 49 g Kohlenhydrate = 2449 Joule (585 Kalorien)
Kalorienersparnis durch natreen pro Portion: 418 Joule (100 Kalorien)

Charlotte russe

Für 10-12 Portionen:
200 g kandierte Früchte
8 El guter Maraschino
28 Löffelbiskuits (100 g)
½ l Schlagsahne
¼ l Milch
1 Vanilleschote
4 Eigelb
1 Ei
50 g Zucker
1 Pkt. Vanillinzucker
6 Blatt weiße Gelatine

Ein paar ausgesuchte Früchte für die Dekoration beiseite legen, die anderen kleinschneiden, mit Maraschino übergießen und zugedeckt durchziehen lassen (am besten über Nacht). Die Löffelbiskuits mit dem Brotmesser auf die Höhe des Springformrandes (22 cm Durchmesser) zuschneiden. Wenig Sahne steif schlagen. Den Springformrand auf die Servierplatte legen, innen am Rand entlang einen dünnen Sahnering spritzen, die Löffelbiskuits hineinstellen – sie werden von der Sahne festgehalten. Platte in den Kühlschrank stellen.
Die Milch mit der aufgeschnittenen, ausgekratzten Vanilleschote ganz langsam erhitzen. Das Eigelb und das ganze Ei mit Zucker und Vanillinzucker in einem Topf schaumig rühren. Die Vanilleschote aus der heißen Milch nehmen, die Milch nach und nach zur Eicreme gießen, bei milder Hitze die Masse so lange schlagen, bis sie cremig wird und sich beim Rühren an der Oberfläche ein Muster (eine „Rose") bildet. Die eingeweichte Gelatine gut ausdrücken und nach und nach in der heißen Creme schmelzen lassen. Creme vom Herd nehmen, in Eiswasser stellen und unter Rühren erkalten lassen.
Zwischendurch die Sahne bis auf einen Rest zum Garnieren steif schlagen. Wenn die abgekühlte Creme zu gelieren beginnt, 3 El geschlagene Sahne und die Maraschinofrüchte unterrühren, die restliche Sahne locker unterheben. Die Masse in die Form mit den Löffelbiskuits füllen, glattstreichen und im Kühlschrank in ca. 4 Stunden fest werden lassen. Vor dem Servieren den Springformrand abheben und Sahnetupfer um die Biskuits auf die Platte spritzen. Die Creme mit den restlichen kandierten Früchten verzieren.

Vorbereitungszeit: ca. 30 Minuten
Kühlschrank: ca. 4 Stunden
Pro Portion (bei 12 Portionen) etwa 4 g Eiweiß, 16 g Fett, 24 g Kohlenhydrate = 1220 Joule (291 Kalorien)

Unser Tip: Cremes werden häufig zur Rose aufgeschlagen. Zucker und Eiweiß schaumig schlagen, dann die heiße Flüssigkeit zugeben. Die Masse so lange über dem heißen Wasserbad schlagen, bis sie cremig und schwer wird und sich Wellenlinien bilden. Nehmen Sie etwas von der Masse auf die gewölbte Seite einer Schaumkelle und pusten Sie leicht in die Masse: Sie soll sich zu großen Locken - Rosen - zusammenschieben und nicht von der Schaumkelle laufen.

Orangenmousse

Im Foto rechts hinten

Für 6 Portionen:
6 Blatt weiße Gelatine
6 Eigelb
125 g Puderzucker oder
8 ml natreen-SÜSSE flüssig
250 g Mascarpone (ersatzweise gut abgetropfter Sahnequark)
1 Orange (mit unbehandelter Schale)
2 El Orangenlikör
$^1/_4$ l Schlagsahne
Späne von Orangenschale (in Zuckerlösung blanchiert) zum Garnieren

Die Gelatine in kaltem Wasser einweichen. Eigelb und Puderzucker oder natreen sehr schaumig rühren. Den Mascarpone oder Quark dazugeben, gut vermischen und kalt stellen. Die Orange heiß abwaschen und abtrocknen, dann die Schale fein abreiben, dabei nicht das Weiße abreiben. Die Orange auspressen. Sechs Eßlöffel Saft und einen Eßlöffel Schale zur Eigelb-Masse geben, mit dem Orangenlikör vermischen. Die Gelatine tropfnaß bei milder Hitze auflösen, mit der Masse verrühren und kalt stellen. Die Sahne steif schlagen, unter die Mousse geben und möglichst über Nacht kalt stellen.
Einen Teelöffel in heißes Wasser tauchen, kleine Schollen von der Mousse abstechen und auf einem Teller anrichten. Mit Orangenschalenspänen garnieren.

Zubereitungszeit: 20 Minuten
Pro Portion etwa 12 g Eiweiß, 18 g Fett, 28 g Kohlenhydrate = 1366 Joule (326 Kalorien)
Kalorienersparnis durch natreen pro Portion: 347 Joule (83 Kalorien)

Mokkamousse

Im Foto rechts Mitte

Für 6 Portionen:
200 g Butter (zimmerwarm)
6 Eigelb
100 g Puderzucker oder
7 ml natreen-SÜSSE flüssig
1 Prise Salz
2 Pkt. Vanillinzucker
4 El doppelt starker Espresso
$^3/_8$ l Crème double
Espressopulver zum Garnieren

Die Butter schaumig rühren. Eigelb und Puderzucker oder natreen abwechselnd dazugeben. Das Salz, den Vanillinzucker und nach und nach den kalten Espresso zugeben. Alles sehr schaumig rühren. Die Crème double steif schlagen, untermengen und kalt stellen.
Einen Teelöffel in heißes Wasser tauchen, kleine Schollen von der Mousse abstechen und auf einem Teller anrichten. Mit Espressopulver bestäuben.

Zubereitungszeit: 20 Minuten
Pro Portion etwa 4 g Eiweiß, 52 g Fett, 20 g Kohlenhydrate = 2446 Joule (586 Kalorien)
Kalorienersparnis durch natreen pro Portion: 280 Joule (67 Kalorien)

Unser Tip: Statt der Crème double kann man auch Schlagsahne verwenden. Dann muß man die gut gekühlte Mousse aber spätestens nach drei Stunden servieren, sonst setzt sich die Sahne ab.

Orangen-
mousse
Mokka-
mousse
Vanille-
mousse

Vanillemousse

Im Foto auf Seite 233 unten

Für 6 Portionen:
200 g Butter (zimmerwarm)
2 Vanilleschoten
2 Pkt. Vanillinzucker
100 g Puderzucker
1 Prise Salz
6 Eigelb, $^{3}/_{8}$ l Crème double

Die Butter schaumig rühren. Die Vanilleschoten aufschlitzen, das Mark herauskratzen und zur Butter geben. Vanillinzucker, Puderzucker, Salz und Eigelb nach und nach ebenfalls dazugeben. Alles sehr schaumig rühren. Crème double steif schlagen, unter die Masse heben und möglichst über Nacht kalt stellen.
Einen Teelöffel in heißes Wasser tauchen, damit Schollen von der Mousse abstechen und auf einem Teller anrichten. Die ausgekratzte Vanilleschote der Länge nach in sehr feine Streifen schneiden, die Mousse damit garnieren.

Zubereitungszeit: 25 Minuten
Pro Portion etwa 4 g Eiweiß, 52 g Fett, 20 g Kohlenhydrate = 2446 Joule (586 Kalorien)

●●●●●●●●●●●●●●●●●●●●●●●●●●●●●●

Unser Tip: Wenn man bei einer Mousse Butter und Eigelb verrührt, kann die Masse ausflocken. Das liegt daran, daß der Temperaturunterschied zwischen der zimmerwarmen Butter und dem eiskalten Eigelb zu groß ist. Schlagen Sie die Masse dann kurz mit dem Handrührer über dem heißen Wasserbad auf, damit sie sich wieder verbindet.

●●●●●●●●●●●●●●●●●●●●●●●●●●●●●●

Espresso-Zabaione mit Vanilleeis

Zum Foto rechts

Für 4 Portionen:
$^{1}/_{8}$ l Espresso oder Mokka
4 Eigelb
100 g Zucker
4 cl Amaretto (Mandellikör)
4 Portionen Vanilleeis
Schokoladenraspel

Den Espresso abkühlen lassen, bis er lauwarm ist. Eigelb und Zucker im warmen Wasserbad aufschlagen, den Amaretto und abgekühlten Espresso zugeben und mit den Quirlen des Handrührers etwa 5 Minuten kräftig aufschlagen. Das Eis in Portionsgläser füllen, die Zabaione darübergießen, mit Schokoladenraspeln bestreuen. Sofort servieren.

Zubereitungszeit: 15 Minuten
Pro Portion etwa 8 g Eiweiß, 21 g Fett, 53 g Kohlenhydrate = 1926 Joule (460 Kalorien)

Weincreme mit Eischneehaube

Für 6 Portionen:
4 Eier
¼ l trockener Weißwein
2 El Zitronensaft
3 Tl Speisestärke
110 g Zucker, 1 Pkt. Vanillinzucker
2 El Mandelblättchen

Die Eier trennen. Das Eiweiß kühl stellen. Das Eigelb in den Topf geben. Weißwein, Zitronensaft, Speisestärke und 80 g Zucker hinzufügen und alle Zutaten mit einem Handrührgerät verquirlen. Erst dann den Topf auf die Herdplatte stellen. Die Masse unter ständigem Rühren langsam erhitzen, und zwar auf der Normalkochplatte bei Stufe 1½, auf der Automatikplatte bei Stufe 4 und auf Gas im Wasserbad. So lange schlagen, bis die Masse hochsteigt und schaumig und deutlich dicker wird. Eben aufstoßen lassen und vom Herd nehmen. Weiterschlagen, bis die Weinschaumcreme abgekühlt ist und dann gleich in eine flache (maximal 5 cm hohe) feuerfeste Form füllen und 30 Minuten kalt stellen. Das Eiweiß sehr steif schlagen, den restlichen Zucker und den Vanillinzucker unterrühren und die Masse als Haube auf die Creme setzen. Mit Mandelblättchen bestreuen und im vorgeheizten Ofen (unterste Schiene) bei 225 Grad (Gas 4) ca. 5 Minuten überbacken, bis die Eischneehaube braun ist. Sofort servieren.

Vorbereitungszeit: 20 Minuten
Zeit zum Abschlagen der Creme: 25-35 Minuten
Überbacken: ca. 5 Minuten
Pro Portion etwa 5 g Eiweiß, 6 g Fett, 23 g Kohlenhydrate = 812 Joule (194 Kalorien)

Mousse au Nougat

Für 4 Portionen:
75 g Haselnußkerne, 100 g Zucker
Fett für das Blech
6 Blatt weiße Gelatine
4 Eier (Gew.-Klasse 2)
1/8 l Kaffee
150 g Nougatmasse
6 El Cognac, 1/4 l Schlagsahne
50 g Borkenschokolade

Haselnußkerne hacken. 75 g Zucker in einer Pfanne schmelzen und goldbraun karamelisieren lassen. Die Haselnußstückchen unterrühren, bis sie vom Karamel überzogen sind. Die Masse auf ein gefettetes Blech streichen und abkühlen lassen. Dann sehr fein hacken. Die Gelatine in kaltem Wasser einweichen. Die Eier trennen. Eigelb mit dem restlichen Zucker und 2 El heißem Wasser sehr schaumig rühren. Den Kaffee in einen kleinen Kochtopf gießen, die Nougatmasse bei milder Hitze darin auflösen, dann die ausgedrückte Gelatine zugeben und ebenfalls auflösen. Die noch heiße Masse in die Eiercreme rühren. Mit Cognac würzen und kühl stellen, bis die Mousse zu gelieren beginnt. Dann den Krokant (25 g beiseite legen) unterrühren. Sahne und Eiweiß getrennt sehr steif schlagen. Erst die Sahne, dann das Eiweiß unter die Mousse ziehen. Die Mousse nochmals für 2 Stunden kühl stellen. Mit Borkenschokolade und dem zur Seite gelegten Krokant verzieren.

Zubereitungszeit: 30 Minuten
Kühlzeit: etwa 2 Stunden, 20 Minuten
Pro Portion etwa 17 g Eiweiß, 57 g Fett, 58 g Kohlenhydrate = 3714 Joule (887 Kalorien)

Avocado-Orangen-Creme

Für 4 Portionen:
2 reife Avocados (à 200 g)
2 unbehandelte Orangen
2 El Zitronensaft
30 g Puderzucker oder
2 ml natreen-SÜSSE flüssig
1/8 l Schlagsahne

Avocados halbieren, Steine herauslösen. Avocadofleisch mit einem Löffel herausnehmen, dabei einen kleinen Rand stehen lassen. 1 Orange waschen, fein abreiben und auspressen. Aus der anderen Orange einzelne Filets auslösen und beiseite stellen.
Avocadofleisch mit 4 Tl Orangenschale und 4 El Orangensaft, Zitronensaft und Puderzucker oder natreen mischen und pürieren. Sahne steif schlagen und unter das Avocadopüree heben. Die Masse in einen Spritzbeutel mit großer Sterntülle (Nr. 12) füllen und in die Avocadohälften spritzen. Die gefüllten Avocadohälften mit Orangenfilets garnieren und 20 Minuten im Kühlschrank gut durchkühlen lassen.

Zubereitungszeit: 15 Minuten
Kühlzeit: 20 Minuten
Pro Portion etwa 2 g Eiweiß, 36 g Fett, 8 g Kohlenhydrate = 1568 Joule (375 Kalorien)
Kalorienersparnis durch natreen pro Portion: 126 Joule (30 Kalorien)

Blutorangencreme

Zum Foto rechts oben

Für 12 Portionen:
etwa 10 Blutorangen (für ½ l Saft)
8 Blatt weiße Gelatine
8 Eier (Gewichtsklasse 2)
75 g Zucker oder
5 ml natreen-SÜSSE flüssig
1 Pkt. Vanillinzucker
3-4 El Orangenlikör, ⅛ l Schlagsahne

Orangen so heiß wie möglich abwaschen. Schale von 3 Orangen auf der Haushaltsreibe fein abreiben. Eine Orange fein schälen, die Schale in feine Streifen schneiden. Orangen auspressen, ½ l Saft abmessen. Gelatine in kaltem Wasser einweichen. Eier trennen, Eiweiß kühl stellen. Eigelb mit Zucker oder natreen, Vanillinzucker und abgeriebener Orangenschale zu einer dicklichen Creme aufschlagen. Gelatine ausdrücken und in einem kleinen Topf bei milder Hitze auflösen, mit Orangensaft mischen, unter die Eigelbcreme rühren und das Ganze kühl stellen, bis die Creme zu gelieren beginnt (bis man „Straßen ziehen" kann). Eiweiß steif schlagen, bis es schnittfest ist. Die Creme mit dem Orangenlikör gut verrühren. ⅓ Eischnee unterrühren, restliches Eiweiß vorsichtig mit einem Schneebesen unterziehen. Creme in eine Schüssel füllen und mindestens 4 Stunden (am besten über Nacht) kühl stellen. Die Sahne steif schlagen, in einen Spritzbeutel füllen und die Creme damit verzieren. Restliche Orangenschale in Streifen auf die Sahne streuen.

Zubereitungszeit: 25 Minuten
Kühlzeit: mindestens 4 Stunden
Pro Portion etwa 10 g Eiweiß, 6 g Fett, 10 g Kohlenhydrate = 786 Joule (186 Kalorien)
Kalorienersparnis durch natreen pro Portion: 105 Joule (25 Kalorien)

Zitronencreme

Zum Foto rechts unten

Für 10 Portionen:
6 Blatt weiße Gelatine
6 Eier (Gewichtsklasse 2)
100 g Zucker oder
5 ml natreen-SÜSSE flüssig
⅛ l Zitronensaft (von ca. 3 Zitronen)
6 El Weißwein
3-4 Zitronen zum Garnieren

Gelatine in kaltem Wasser einweichen. Die Eier trennen, Eigelb mit Zucker oder natreen sehr schaumig rühren, dann Zitronensaft und Weißwein zugeben. Die Gelatine tropfnaß in ein Töpfchen geben und unter Rühren bei milder Hitze auflösen, langsam unter ständigem Rühren unter den Zitronenschaum mischen. Kalt stellen, bis der Schaum zu gelieren beginnt. Inzwischen das Eiweiß zu sehr steifem Schnee schlagen, unter die gelierende Creme heben. Creme bis zum Servieren zugedeckt in den Kühlschrank stellen. Kurz vor dem Servieren die Zitronen in Scheiben schneiden und auf die Creme legen. (Die Creme kann man schon am Vortag zubereiten!)

Zubereitungszeit: 30 Minuten
Pro Portion etwa 6 g Eiweiß, 4 g Fett, 11 g Kohlenhydrate = 484 Joule (116 Kalorien)
Kalorienersparnis durch natreen pro Portion: 167 Joule (49 Kalorien)

Erdbeer-Marsala-Creme

Für 4 Portionen:
750 g Erdbeeren
4 Blatt weiße Gelatine
4 Eigelb (Gewichtsklasse 2)
150 g Zucker oder
11 ml natreen-SÜSSE flüssig
1 Pkt. Vanillinzucker
¼ l Marsala
¼ l Schlagsahne
2 Tl abgeriebene Zitronenschale
(von unbehandelten Früchten)

250 g Erdbeeren waschen, abtropfen lassen und putzen. In kleine Stücke schneiden und in einen Rührbecher geben. Die Gelatine in kaltem Wasser einweichen. Eigelb mit 100 g Zucker oder 7 ml natreen und dem Vanillinzucker mit dem Schneebesen des Handrührers zu einer dicklichen Creme aufschlagen. Die vorbereiteten Erdbeeren mit dem Schneidstab des Handrührers pürieren (ergibt etwa ¼ l Püree), mit Marsala auf ⅜ l auffüllen und unter die Eicreme rühren. Gelatine tropfnaß bei milder Hitze auflösen, unter die Creme rühren und kühl stellen. Sobald die Creme zu gelieren beginnt, ⅛ l Sahne steif schlagen und mit dem Schneebesen unterziehen. Kühl gestellt fest werden lassen.

1 Stunde vor dem Servieren die restlichen Erdbeeren waschen, putzen und halbieren oder vierteln. Mit dem restlichen Zucker bestreuen, den restlichen Marsala darübergießen und durchziehen lassen, einmal vorsichtig wenden. Mit Zitronenschale bestreuen oder mit 4 ml natreen beträufeln. Die restliche Sahne halbsteif schlagen. Erdbeeren und Schlagsahne zur Creme reichen.

Zubereitungszeit: 45 Minuten
Pro Portion etwa 8 g Eiweiß, 26 g Fett, 60 g Kohlenhydrate = 2380 Joule (569 Kalorien)
Kalorienersparnis durch natreen pro Portion: 628 Joule (150 Kalorien)

Unser Tip: Wer auf Kalorien achtet, kann bei Cremes die Hälfte der Sahne durch Eischnee ersetzen: ¼ l Schlagsahne ersetzen Sie durch Eischnee von 2 Eiweiß.

Teecreme mit Armagnac-Pflaumen

Für 4 Portionen:
4 Blatt weiße Gelatine
50 ccm Tee (aus 4 El Earl-Grey-Tee)
100 g Zucker oder
7 ml natreen-SÜSSE flüssig, 3 Eigelb
100 ccm Milch, 200 ccm Schlagsahne
½ Vanilleschote
1 Glas Armagnac-Pflaumen
(nur ⅛ l der Flüssigkeit)

3 Blatt Gelatine in kaltem Waser einweichen. Tee mit ⅛ l Wasser aufbrühen, kurz ziehen lassen, durchsieben, genau 50 ccm abmessen. Zucker oder natreen und Eigelb schaumig schlagen. Milch, 50 ccm Sahne, Tee und das Mark der Vanilleschote aufkochen, vom Herd nehmen. Eigelbmischung unterrühren, auf der Automatikstufe 4-5 aufschlagen, bis die Creme fast kocht, sofort vom Herd nehmen (die Creme darf auf keinen Fall kochen!). Die eingeweichte Gelatine in die warme Creme geben, verrühren, kalt stellen. Wenn die Creme anfängt, an den Seiten fest zu werden, 150 ccm geschlagene Sahne unterheben.

Die Pflaumen in Armagnac in einem Sieb abtropfen lassen, die Hälfte der Pflaumen entsteinen, kleinschneiden und vorsichtig unter die Masse heben. In eine Glasschüssel geben und kalt stellen. Die andere Hälfte der Pflaumen entsteinen und halbieren, nach einer halben Stunde auf die Creme legen. Ein Blatt Gelatine in kaltem Wasser einweichen und in erwärmtem Armagnac auflösen, kalt werden lassen. Über die Pflaumen gießen. Bis zum Servieren kalt stellen.

Zubereitungszeit: 1 Stunde
Pro Portion etwa 7 g Eiweiß, 21 g Fett, 71 g Kohlenhydrate = 2770 Joule (662 Kalorien)
Kalorienersparnis durch natreen pro Portion: 418 Joule (100 Kalorien)

Holunderbeercreme mit geeister Birnensauce

Für 4 Portionen:

Creme:
5 Blatt weiße Gelatine
6 Eigelb (Gewichtsklasse 2)
60 g Zucker oder
4 ml natreen-SÜSSE flüssig
¼ l Holunderbeersaft (Muttersaft aus dem Reformhaus)
⅛ l Weißwein
2 El Crème de Cassis (Likör aus schwarzen Johannisbeeren)
¼ l Schlagsahne

Sauce:
1 kg vollreife Birnen
75 g Zucker oder
5 ml natreen-SÜSSE flüssig
2 Vanilleschoten
¾ l Weißwein
2 El Birnengeist
Holunderbeeren zum Verzieren

Gelatine in kaltem Wasser einweichen. Eigelb mit Zucker oder natreen, Holunderbeersaft und Weißwein bei milder Hitze (Automatikstufe 2) oder über dem Wasserbad zu einer dicklichen Creme aufschlagen. Die ausgedrückte Gelatine unter Rühren in der Creme auflösen und das Ganze in Eiswasser so lange kalt rühren, bis die Creme zu gelieren beginnt. Zuerst den Cassis unterrühren, dann die steif geschlagene Sahne so unterheben, daß sie sich nicht ganz mit der Creme vermischt: Beim Abstechen soll sich später eine Marmorierung abzeichnen. Die Creme in eine Schüssel füllen und zugedeckt ungefähr zwei Stunden kalt stellen. Für die Sauce die Birnen schälen, halbieren, vom Kerngehäuse befreien und die Hälften zusammen mit dem Zucker oder natreen, dem ausgekratzten Vanillemark und dem Weißwein zum Kochen bringen. Bei milder Hitze darin ziehen lassen. Die Birnenhälften herausnehmen und zwei davon kühl stellen. Die restlichen Birnen mit dem Schneidstab des Handrührers pürieren, mit Birnengeist beträufeln und kühl stellen. Ungefähr 20 Minuten vor dem Servieren in das Gefriergerät stellen und kurz vorm Servieren mit dem Schneebesen einmal kräftig durchrühren. Die zwei Birnenhälften in Spalten schneiden. Mit der Creme, der Birnensauce und einigen Holunderbeeren auf Desserttellern anrichten.

Zubereitungszeit: 40 Minuten (ohne Gelierzeit)
Pro Portion etwa 12 g Eiweiß, 31 g Fett, 58 g Kohlenhydrate = 3091 Joule (739 Kalorien)
Kalorienersparnis durch natreen pro Portion: 565 Joule (135 Kalorien)

Unser Tip: Wenn Sie Cremespeisen mit Gelatine zubereiten, dürfen Sie keine frische Ananas und keine frische Kiwi verwenden. Ananas enthält Bromelin, Kiwi Actinidin. Beides sind eiweiß-spaltende Fermente und zerstören die Gelatine: Die Creme wird flüssig. Wenn Sie eine der beiden Früchte verwenden möchten, müßten Sie sie vorher kurz in Wasser oder Fruchtsaft vorgaren.

Weiße Schokoladenmousse

Zum Foto rechts oben

Für 4 Portionen:
2 Blatt weiße Gelatine
2 Tafeln weiße Schokolade (à 100 g)
2 El Arrak
2 Eier
500 ccm Schlagsahne
1 Tafel Vollmilchschokolade (100 g)

Die Gelatine in kaltem Wasser einweichen. Die weiße Schokolade über dem Wasserbad schmelzen lassen. Die Gelatine tropfnaß bei milder Hitze auflösen und unter die geschmolzene Schokolade rühren, dann den Arrak unterrühren. Die Eier über dem Wasserbad sehr schaumig aufschlagen, dann in Eiswasser kalt rühren. Mit der Schokolade glattrühren. Die Sahne sehr steif schlagen und vorsichtig unterziehen. Etwa 2 Stunden im Kühlschrank durchkühlen lassen. Die Vollmilchschokolade hobeln und vor dem Servieren über die Mousse streuen.

Zubereitungszeit: 30 Minuten
Kühlzeit: mindestens 2 Stunden
Pro Portion etwa 12 g Eiweiß, 59 g Fett, 31 g Kohlenhydrate = 3564 Joule (851 Kalorien)

Schokoladen-Nougat-Creme

Zum Foto rechts unten

Für 4 Portionen:
½ l Milch
1 Pkt. Schokoladenpuddingpulver
3 El Zucker oder
3 ml natreen-SÜSSE flüssig
75 g Nougatmasse
100 g Mandeln (gestiftelt)
¼ l Schlagsahne
3 El Orangenlikör, z. B. Cointreau
Schale einer unbehandelten Orange

Von der Milch 6 El abnehmen und das Puddingpulver mit dem Zucker oder natreen darin anrühren. Die restliche Milch aufkochen, Nougat darin auflösen, das angerührte Puddingpulver einrühren und alles unter Rühren kurz aufkochen lassen. Etwa 70 g Mandeln unter die Creme rühren, die übrigen zur Dekoration zurücklassen. Creme in Portionsschälchen füllen und kalt stellen (etwa 30 Minuten). Vor dem Servieren die Sahne mit dem Orangenlikör vermischen und leicht anschlagen. Die Creme mit den restlichen Mandeln und der abgeriebenen Orangenschale garnieren. Die Sahne extra dazu reichen.

Zubereitungszeit: etwa 12 Minuten
Kühlzeit: 30 Minuten
Pro Portion etwa 12 g Eiweiß, 45 g Fett, 45 g Kohlenhydrate = 2829 Joule (675 Kalorien)
Kalorienersparnis durch natreen pro Portion: 188 Joule (45 Kalorien)

Grand-Marnier-Charlotte

Für 8 Portionen:
8 Blatt weiße Gelatine
$^1/_2$ l Schlagsahne
5 Eigelb (Gewichtsklasse 2)
100 g Puderzucker oder
7 ml natreen-SÜSSE flüssig
100 ccm Orangenlikör (z. B. Grand Marnier)
2 Eiweiß, 30 g Zucker
ca. 25 Löffelbiskuits
Garnitur:
2 Orangen (unbehandelt)
7 cl Grenadinesirup
$^1/_2$ l Orangensaft
70 g Zucker
2 cl Orangenlikör (z. B. Grand Marnier)
1 El Puderzucker
$^1/_8$ l Schlagsahne
125 g kleine Erdbeeren (gewaschen)
etwas frische Minze

Gelatine in kaltem Wasser einweichen, 100 ccm Sahne erhitzen, Gelatine ausdrücken und in der Sahne auflösen. Eigelb mit Puderzucker oder natreen schaumig rühren, die noch warme Sahne dazugießen, sorgfältig unterrühren und für 15 Minuten in den Kühlschrank stellen. Dann den Orangenlikör unterrühren. Eiweiß mit dem Zucker zu steifem Schnee schlagen, auch die restliche Sahne steif schlagen. Zuerst die Sahne, dann den Eischnee mit dem Schneebesen unter die Eigelbmasse ziehen.
Eine Charlotteform (oberer Durchmesser 20 cm, ersatzweise eine Springform von 16-18 cm ∅) mit den Löffelbiskuits auslegen und die Creme einfüllen. Mindestens 4 Stunden kalt stellen.
Für die Dekoration die Orangen heiß abwaschen, trocknen und die Schale mit einem Juliennereißer in feinen Streifen

Fortsetzung auf Seite 254

abschneiden. Die Schalenstreifen in 5 cl Grenadinesirup 5 Minuten kochen.
Die Orangen über einer Schüssel wie Äpfel schälen, die Filets mit einem scharfen Messer aus den Trennhäuten schneiden. Den aufgefangenen Saft mit dem anderen Orangensaft verrühren.
Den Zucker in einem Topf goldbraun karamelisieren lassen, den Saft dazugießen und alles ca. 10 Minuten sehr stark einkochen lassen. Den restlichen Grenadinesirup und den Orangenlikör dazugießen. Die Orangenfilets hineinlegen und alles kalt stellen.
Zum Servieren die Charlotte auf eine runde Platte stürzen, mit Puderzucker bestäuben und mit den Orangenfilets, Sahnetupfen aus dem Spritzbeutel, Erdbeeren, Minzeblättern und den feuerroten Schalenstreifen dekorieren.

Vorbereitungszeit: 1 Stunde
Garzeit: 15 Minuten
Pro Portion etwa 7 g Eiweiß, 29 g Fett, 53 g Kohlenhydrate = 2149 Joule (514 Kalorien)
Kalorienersparnis durch natreen pro Portion: 209 Joule (50 Kalorien)

Mandel-Amaretto-Mousse

Zum Foto rechts

Für 4-6 Portionen:
4 Blatt weiße Gelatine
100 g ganze ungeschälte Mandeln
6 Eigelb (von Eiern Gew.-Kl. 2)
5 El Zucker oder
5 ml natreen-SÜSSE flüssig
5 El Amaretto (ital. Mandellikör)
3/8 l Schlagsahne
20 g Mandelblättchen
4 El rotes Johannisbeergelee
4 frische Feigen

Die Gelatine in kaltem Wasser einweichen. Die Mandeln fein hacken und in einer Pfanne ohne Fett unter Wenden goldbraun rösten. Eigelb, Zucker oder natreen und Amaretto mit den Quirlen des Handrührers zu einer dicklichen Creme aufschlagen. Die Gelatine bei milder Hitze auflösen, mit den Mandeln zu der Eicreme geben. Kalt stellen, bis die Creme zu gelieren beginnt. Dann die Sahne steif schlagen und vorsichtig unterheben. Die Mousse in eine Schale füllen und etwa 1 Stunde kalt stellen. Die Mandelblättchen in einer Pfanne ohne Fett unter Wenden rösten. Das Johannisbeergelee in einem kleinen Topf auflösen. Die Feigen abziehen, vierteln und mit dem Gelee überziehen. Vor dem Servieren die Mousse mit den Feigen garnieren, mit den Mandelblättchen bestreuen.

Zubereitungszeit: 45 Minuten
Pro Portion (bei 4 Portionen) etwa 13 g Eiweiß, 52 g Fett, 53 g Kohlenhydrate = 3106 Joule (742 Kalorien)
Kalorienersparnis durch natreen pro Portion (bei 6 Portionen): 209 Joule (50 Kalorien)

EISDESSERTS

In China ist das Speiseeis seit 5000 Jahren bekannt. Nach Europa kam es erst wesentlich später — zunächst als Sorbet. 1000 v. Chr. ließ sich König Salomon eine Erfrischung aus Schneewasser und Fruchtsaft mixen. Alexander nahm Eis vom Olymp auf seine Feldzüge mit und mischte es mit Fruchtmark und Wein. Kaiser Nero ließ den Schnee der Albaner Berge von Stafettenläufern nach Rom bringen und verrührte ihn mit Honig, Rosenwasser und Früchten. Und Hippokrates empfahl seinen Patienten Eis als Medizin. Das erste künstliche Eis stellte ein Italiener her — und zeigte es dem staunenden Publikum auf dem Jahrmarkt von Sizilien. Als Katharina von Medici Heinrich II. von Frankreich heiratete, gab es auch Eis, aber seine Herstellung wurde wie ein Staatsgeheimnis gehütet. Im 17. Jahrhundert wurde in Paris die erste Eisdiele eröffnet und am Ende des 18. Jahrhunderts kam das Eis endlich auch nach Deutschland. Dort wird es seitdem immer raffinierter und beliebter. Ob Sie Ihr Eis nun selber machen, Fruchtpüree, Milch oder Sahne dazu verwenden, ob Sie es per Hand oder in einer elektrischen Maschine rühren oder ob Sie es beim Italiener an der Ecke kaufen: Es gehört zu den schönsten Sommerdesserts.

Portwein-Eis mit Rumrosinen und Schokoladensauce. Rezept nächste Seite

Portwein-Eis mit Rumrosinen und Schokoladensauce

Zum Foto auf Seite 257

Für 6-8 Portionen:
Eis:
150 g Rosinen
6 El brauner Rum (40%)
7 Eigelb
100 g Zucker oder
7 ml natreen-SÜSSE flüssig
$^1/_8$ l alter roter Portwein
$^1/_2$ l Milch, $^1/_4$ l Schlagsahne
Salz
Sauce:
100 g Kakaopulver, 30g Zucker oder
2 ml natreen-SÜSSE flüssig

Die Rosinen lauwarm abspülen und abtropfen lassen. Den Rum leicht erwärmen und darübergießen, zugedeckt mindestens 4 Stunden (besser noch: über Nacht) ausquellen lassen.
Für die Eismasse Eigelb, Zucker oder natreen und Portwein mit den Quirlen des Handrührers auf höchster Stufe aufschlagen. Milch, Sahne und 1 Prise Salz zum Kochen bringen. Die Eigelb-Portwein-Mischung mit einem Schneebesen unter die kochende Milch schlagen, bis das Eigelb leicht abbindet. Den Topf sofort in ein kaltes Wasserbad stellen, den Eisansatz mit dem Schneebesen 5-6 Minuten weiterrühren. Den Rum, in dem die Rosinen eingeweicht waren, unter den Eisansatz rühren.
Den Eisansatz in eine Edelstahl- oder Metallschüssel füllen und für 30 Minuten in das Gefriergerät stellen. Den Eisansatz durchrühren und weitere 60 Minuten ins Gefriergerät stellen und in Abständen von 10 Minuten mit dem Pürierstab des Handrührers durchrühren. Vor den letzten 10 Minuten die Rosinen mit einem Löffel unter das Eis mischen. Das Eis bis zum Anrichten wieder in das Gefriergerät stellen. Für die Schokoladensauce Kakaopulver und Zucker oder natreen in einem Topf mischen. $^3/_8$ l kaltes Wasser mit dem Schneebesen einrühren. Die Mischung unter ständigem Rühren aufkochen, kalt werden lassen.
Das Portwein-Eis mit Rumrosinen in vorgekühlten Glasschalen portionsweise anrichten. Schokoladensauce darübergießen und sofort servieren.

Zubereitungszeit: 40 Minuten (ohne Kühlzeit)
Pro Portion (bei 8 Portionen) etwa 8 g Eiweiß, 20 g Fett, 37 g Kohlenhydrate = 1889 Joule (452 Kalorien)
Kalorienersparnis durch natreen pro Portion (bei 8 Portionen): 272 Joule (65 Kalorien)

Mangosorbet

Zum Foto rechts

Für 4 Portionen:
4 Mangos (à 200 g)
1 El Puderzucker
3-4 El Zitronensaft
2 El Arrak

Die Mangos schälen, in Stücken vom Stein schneiden und mit dem Schneidstab des Handrührers pürieren.
Puderzucker, Zitronensaft und Arrak unterrühren. In eine Schüssel füllen und mindestens fünf Stunden ins Gefriergerät stellen. Nach jeweils 30 Minuten einmal mit dem Schneidstab pürieren. Die Gläser vorkühlen. Das Sorbet in einen Spritzbeutel mit großer Sterntülle füllen und in die vorgekühlten Gläser spritzen. Sofort servieren.

Zubereitungszeit (ohne Kühlzeit): 10 Minuten
Pro Portion etwa 1 g Eiweiß, 0 g Fett, 25 g Kohlenhydrate = 1670 (399 Kalorien)

Liköreisbombe

Für 8-10 Portionen:
90 g Mandeln
1 Vanilleschote
2 cl Mandellikör
70 g Pistazienkerne
50 g Marzipanrohmasse
2 cl Ingwerlikör
30 g Haselnußkerne
75 g Nougat
2 cl Aprikosenlikör
160 g Zucker
6 Eigelb (Gewichtsklasse 3)
600 ccm Schlagsahne

Eine 2-l-Timbale-Form ins Gefriergerät stellen. 40 g Mandeln mit kochendem Wasser überbrühen, häuten, mahlen. Die Vanilleschote aufschneiden, das Mark herauskratzen, mit dem Likör verrühren und über die gemahlenen Mandeln gießen. Verrühren und zudecken.

20 g Pistazienkerne mahlen, 20 g fein hacken. Marzipan zerkrümeln, mit Ingwerlikör und gemahlenen und gehackten Pistazien verkneten. Die Haselnüsse grob hacken und in einer trockenen Pfanne kurz anrösten. Nougat im leicht erwärmten Aprikosenlikör auflösen, Haselnüsse unterrühren.

Den Zucker mit 100 ccm Wasser zu Sirup kochen (etwa 4 bis 6 Minuten sprudelnd kochen lassen).

Eigelb mit den Quirlen des Handrührers schaumig schlagen. Nach und nach den heißen Zuckersirup unterrühren, Schüssel in Eiswasser stellen und weiterschlagen, bis die Masse kalt ist.

Die Sahne steif schlagen und unter die Eimasse heben. Dann die Masse halbieren. Unter eine Hälfte die Mandelmischung heben. In die gekühlte 2-l-Timbale-Form füllen. Eine 1-l-Timbale-Form in die Masse drücken, damit sie bis zum Rand der großen Form steigt. In das Gefriergerät stellen, etwa 1½ bis 2 Stunden gefrieren lassen. Inzwischen die restliche Eimasse nochmals halbieren. Unter eine Hälfte die Marzipan-Pistazien-Mischung heben: Zuerst etwas Eimasse mit einem Schneebesen unter die Marzipanmischung rühren, dann diese Marzipanmischung unter die Eimasse heben. Auf die gleiche Weise die zweite Hälfte der Eimasse mit der Nougatmischung verrühren. Beides kühl stellen.

Die 1-l-Timbale-Form vorsichtig aus der großen Form lösen (der Eismantel muß fest sein). Dazu mit einem feuchten heißen Tuch die 1-l-Form von innen auswischen, bis sie sich leicht herausdrehen läßt. Dann die Marzipan-Pistazien-Mischung einmal vorsichtig durchrühren und in den Eismantel füllen. Eine ½-l-Timbale-Form in die weiche Masse drükken, bis die Creme wieder bis zum Rand hochsteigt. Wieder gefrieren lassen, dann die Form herausdrehen. Die restliche Nougatmischung kurz durchrühren und in die Form füllen, wieder in das Gefriergerät stellen.

Die restlichen Mandeln und Pistazienkerne in feine Blätter schneiden. Vor dem Servieren die Form auf eine Platte stürzen und ein sehr heißes nasses Tuch darüberlegen. Eventuell das Tuch mehrmals naß machen und über die Form legen, bis sich die Eisbombe löst. Mit Mandeln und Pistazien garnieren.

Vorbereitungszeit: 75 Minuten
Gefrierzeit: 6 Stunden
Pro Portion (bei 10 Portionen) etwa 8 g Eiweiß, 37 g Fett, 29 g Kohlenhydrate = 2128 Joule (508 Kalorien)

Pflaumeneis mit Pflaumensauce

Für 4 Portionen:
1 kg rote oder blaue Pflaumen (keine Zwetschgen!)
250 g feiner Zucker oder
9 ml natreen und 125 g feiner Zucker
2 Gewürznelken, 1 Zimtstange
1 Ring dünn abgeschälte Schale von einer Zitrone (unbehandelt)
2 Eiweiß, 1 Eigelb, $\frac{1}{2}$ l Schlagsahne
3 El Amaretto (Mandellikör)

Die Pflaumen entsteinen, mit 125 g Zukker oder 9 ml natreen, Nelken, Zimtstange und Zitronenschale gar kochen. Dann zum Durchziehen einige Stunden, am besten über Nacht, stehenlassen. Gewürze aus dem Kompott nehmen. Pflaumenmasse pürieren. Eiweiß sehr steif schlagen, nach und nach 125 g Zukker zufügen, $\frac{1}{4}$ des Fruchtpürees und das Eigelb unterrühren, die steif geschlagene Sahne unterheben, mit 1 El Amaretto würzen. Die Masse in eine Puddingschüssel füllen (oder in eine andere, zum Stürzen geeignete Form), mit Folie abdecken und im Gefriergerät mindestens 6 Stunden durchfrieren lassen. Das restliche Fruchtpüree evtl. nachsüßen und kühl stellen. Zum Servieren das Eis aus dem Gefriergerät nehmen, die Form kurz in kaltes Wasser halten, dann auf eine runde Platte stürzen, die Pflaumensauce mit 2 El Amaretto verrühren, ein wenig davon über das Eis laufen lassen, den Rest extra dazu reichen.

Vorbereitungszeit: 25 Minuten
Garzeit (Pflaumen): 15 Minuten
Gefrierzeit: mindestens 6 Stunden
Pro Portion etwa 7 g Eiweiß, 42 g Fett, 104 g Kohlenhydrate = 3548 Joule (848 Kalorien)
Kalorienersparnis durch natreen pro Portion: 531 Joule (125 Kalorien)

Eis-Gugelhupf

Für 6-8 Portionen:
100 g Sultaninen
5 El Kirschwasser
4 Eier (getrennt)
100 g Zucker oder
5 ml natreen-SÜSSE flüssig
1 Prise Salz
2 Becher Schlagsahne (à 250 g)
1 Zitrone mit unbehandelter Schale
1 Vanilleschote
1 El Kakaopulver

Sultaninen waschen, gut abtropfen lassen, mit dem Kirschwasser begießen und zugedeckt mindestens einen halben Tag quellen lassen.
Die Eier trennen, das Eigelb mit 70 g Zucker oder 4 ml natreen mit den Quirlen des Handrührers zu einer sämigen, weißlichen Creme aufschlagen. Das Eiweiß mit der Prise Salz und dem restlichen Zucker oder 1 ml natreen sehr steif schlagen. Die Sahne ebenfalls steif schlagen. Sahne, Eicreme, abgetropfte Sultaninen, die abgeriebene Zitronenschale und das ausgekratzte Mark der Vanilleschote auf den Eischnee geben und mit dem Schneebesen vorsichtig unterheben, nicht rühren. Die Masse in eine Gugelhupfform streichen und im Gefriergerät sechs Stunden lang erstarren lassen. Die Form mit dem gefrorenen Gugelhupf einen Augenblick unter den kalten Wasserstrahl halten, dann den Inhalt auf eine Kuchenplatte stürzen. Das Kakaopulver durch ein Teesieb darüberstreuen, sofort servieren.

Vorbereitungszeit: ca. 30 Minuten
Gefrierzeit: 6 Stunden
Pro Portion (bei 8 Portionen) etwa 6 g Eiweiß, 23 g Fett, 23 g Kohlenhydrate = 1459 Joule (351 Kalorien)
Kalorienersparnis durch natreen pro Portion (bei 8 Portionen): 213 Joule (50 Kalorien)

Brombeereisbombe

Für 16-20 Portionen:
950 g Zucker
½ Vanilleschote
1 kg Brombeeren
2 El Zitronensaft
1 großes Paket Vanilleeis (1000 ml)
700 g grobes Salz (für die Eismaschine)
¼ l Schlagsahne

Am Vortag von 2 l Wasser Eiswürfel zubereiten. Dann den Zuckersirup ansetzen: ½ l Wasser leicht erwärmen, den Zucker unter Rühren darin auflösen und die halbe Vanilleschote dazugeben. Den Sirup abkühlen lassen, in eine Flasche füllen und verschließen.
Er hält sich jahrelang und kann auch für Obstsalate oder Rumtopf verwendet werden.
500 g Brombeeren durch ein Sieb drükken, mit ¼ l Zuckersirup und Zitronensaft verrühren und in den Kühlschrank stellen. Je länger das Brombeermark durchkühlt, desto cremiger wird das Eis später.
Eine Eisbombenform von 2 l Inhalt oder eine andere dünnwandige runde Schüssel zum Durchkühlen ins Gefriergerät stellen.
Am nächsten Tag das Paket mit dem Vanilleeis in Zeitungspapier wickeln und zum Antauen für 20 Minuten in den Kühlschrank legen.
Dann die Eisbombenform vollkommen mit dem Vanilleeis ausstreichen, das Eis mit einem Spatel andrücken. Für ungefähr 30 Minuten ins Gefriergerät stellen, damit der Eismantel wieder fest wird.
Die Eiswürfel portionsweise in ein Küchentuch wickeln und mit der Breitseite eines Hammers möglichst fein zerschlagen oder nach und nach im Eiscrasher zerkleinern. Das zerstoßene Eis mit dem Salz vermischen und in den äußeren Behälter der Eismaschine einfüllen.
Die Sahne steif schlagen und unter das Brombeermark heben. Dann in den inneren Behälter füllen und die Maschine für 10 Minuten einschalten, bis die Masse cremig ist. Mit dem Spatel einmal umrühren, in die Eisbombenform streichen, den Deckel daraufsetzen und für 5-6 Stunden ins Gefriergerät stellen.
250 g Brombeeren durch ein Sieb streichen, das Mark mit Zuckersirup abschmecken und kühl stellen.
Vor dem Servieren die Eisbombenform kurz in eine Schüssel mit kaltem Wasser tauchen, das Eis auf eine vorgekühlte Platte stürzen und mit den restlichen Brombeeren garnieren. Etwas Sauce über das Eis laufen lassen, den Rest extra dazu reichen.

Vorbereitungszeit (ohne Gefrierzeit): 20 Minuten
Rührzeit: 20 Minuten in der Küchenmaschine
Pro Portion (bei 18 Portionen) etwa 2 g Eiweiß, 8 g Fett, 64 g Kohlenhydrate = 1404 Joule (335 Kalorien)

Unser Tip: Wer keine Küchenmaschine mit Eisbereiter hat, stellt die Schüssel mit dem Brombeermark ins Gefriergerät. Damit die Eiskristalle nicht zu groß werden, rührt man das Mark ab und zu um, zuerst alle 30 Minuten, später öfter. Das Eis braucht etwa fünf Stunden, bis es fest ist. Bevor es in die Eisbombenform gefüllt wird, kann man es noch einmal mit dem Schneidstab des Handrührers pürieren.

1974
1974

Kokoseis mit halbgefrorenen Orangenfilets

Für 6 Portionen:
200 g Zucker
250 g getrocknete Kokosraspel
½ l Milch, ¼ l Schlagsahne
Salz, 2 Tropfen Bittermandelöl
200 g frische Kokosnuß
3 mittelgroße Orangen
Puderzucker zum Bestäuben

⅛ l Wasser mit dem Zucker unter Rühren aufkochen lassen, 5 Minuten kochen, kalt werden lassen.
Für den Eisansatz die Kokosraspel mit Milch und Sahne zum Kochen bringen, vom Herd nehmen und 20 Minuten ziehen lassen. Milch durch ein Tuch gießen, Tuch gut ausdrücken. Milch mit 6-7 El kalter Zuckerlösung, 1 Prise Salz und dem Öl verrühren und kalt stellen.
150 g Kokosnuß schälen und in der Moulinette fein zerkleinern. Orangen wie Äpfel schälen, dabei die weiße Innenhaut völlig entfernen. Filets zwischen den Trennhäuten herausschneiden, von beiden Seiten in die geriebene Kokosnuß drücken, nebeneinander auf eine Platte legen und für etwa 30 Minuten in das Gefriergerät stellen. Die restliche Kokosnuß ungeschält mit einem Kartoffelschäler in dünne Späne schneiden, beiseite stellen.
Den Eisansatz in der Eismaschine etwa 20 Minuten rühren, bis das Eis fest ist. Mit einem Kugelformer ausstechen, auf gut gekühlten Tellern anrichten, die Orangenfilets dazulegen. Die Kokosspäne aufs Eis setzen, alles mit Puderzucker überstäuben, sofort servieren.

Vorbereitungszeit: 1 Stunde
Zeit zum Rühren: In der Sorbetière 20-25 Minuten, im Gefriergerät unter öfterem Rühren etwa 2 Stunden
Pro Portion etwa 8 g Eiweiß, 53 g Fett, 51 g Kohlenhydrate = 2495 Joule (596 Kalorien)

Honigparfait mit Brombeersauce

Für 4 Portionen:
Parfait:
1 Ei, 1 Eigelb
20 g Zucker oder
1 ml natreen-SÜSSE flüssig
2½ El Honig (am besten Akazienhonig)
2 El Kirschwasser, ¼ l Schlagsahne
Brombeersauce:
300 g Brombeeren, etwas Zucker
oder natreen-SÜSSE flüssig
2 El Zitronensaft
Kirschwasser nach Geschmack
Garnitur:
etwas Puderzucker
Pfefferminzblätter
ein paar Brombeeren

Für das Parfait Ei und Eigelb in einer gewölbten Stahlschüssel mit dem Handrührgerät sehr schaumig aufschlagen. Den Zucker einrieseln lassen oder natreen zufügen. Die Schüssel auf ein heißes Wasserbad stellen. Die Masse so lange aufschlagen, bis sie dickflüssig und fast weiß ist. Den Honig zufließen lassen und weiterschlagen.
Die Schüssel in ein Eisbad stellen. Die Masse weiterschlagen, bis sie abgekühlt ist. Kirschwasser dazugeben und die steif geschlagene Sahne unter die Creme heben (nicht verrühren). Die Masse in 4 Parfaitschalen füllen und für mindestens 3 Stunden ins Gefriergerät stellen.
Für die Sauce Brombeeren waschen, mit Zucker oder natreen musig kochen und durch ein Sieb streichen. Mit Zitronensaft und Kirschwasser abschmecken, im Kühlschrank abkühlen lassen.
Vor dem Servieren die Parfaitschälchen kurz in kaltes Wasser tauchen, das Parfait

Forsetzung auf Seite 272

Elbling

mit einem Messer vom Rand lösen und auf einen Teller stürzen. Die Brombeersauce um das Parfait gießen, mit Puderzucker übersieben, mit Minzeblättchen und Brombeeren garnieren. Brombeeren zusätzlich leicht mit Kirschwasser beträufeln.

Vorbereitungszeit: Parfait 35 Minuten,
Brombeersauce 15 Minuten
(inkl. 5 Minuten Garzeit)
Pro Portion etwa 5 g Eiweiß, 24 g Fett, 23 g Kohlenhydrate = 1429 Joule (342 Kalorien)
Kalorienersparnis durch natreen pro Portion:
167 Joule (40 Kalorien)

●●●●●●●●●●●●●●●●●●●●●●●●●●●●●

Unser Tip: Wenn es keine Brombeeren gibt, kann man das Honigparfait auch mit Himbeer-, Erdbeer- oder Johannisbeersauce zubereiten.

●●●●●●●●●●●●●●●●●●●●●●●●●●●●●

Vanilleeis mit Himbeerschaum

Zum Foto rechts

Für 4 Portionen:
250 g Himbeeren, 65 g Zucker oder
5 ml natreen-SÜSSE flüssig
3 El weißer Portwein, 1 Vanilleschote
1 El Himbeergeist, 2 Eier (Gew.-Kl. 4)
1 Pkt. Vanilleeis (250 ccm)

Himbeeren verlesen und 200 g davon mit 50 g Zucker oder 4 ml natreen, Portwein und dem Mark der Vanilleschote zum Kochen bringen. 4-5 Minuten kochen lassen. Dann durch ein Sieb gießen und mit dem Himbeergeist, den Eiern und dem restlichen Zucker oder natreen verquirlen. Im lauwarmen Wasserbad (oder auf Automatikstufe 2-3 des E-Herdes) ungefähr 10 bis 15 Minuten zu einem dicklichen Schaum aufschlagen. Das Eis in Würfel schneiden und in Portionsschalen oder -gläser füllen, mit den restlichen Himbeeren garnieren, den Schaum darüber verteilen und sofort servieren.

Vorbereitungszeit: ca. 15 Minuten
Garzeit: ca. 15 Minuten
Pro Portion etwa 17 g Eiweiß, 10 g Fett, 38 g Kohlenhydrate = 1191 Joule (283 Kalorien)
Kalorienersparnis durch natreen pro Portion:
272 Joule (65 Kalorien)

●●●●●●●●●●●●●●●●●●●●●●●●●●●●●

Unser Tip: Frisch gerührtes Eis ist cremig, nicht sehr fest und schmilzt schnell. Deshalb ist es besser, das fertige Eis erst einmal in eine Gefrierdose zu füllen und ins Gefriergerät zu stellen. Vor dem Portionieren sollte man das durchgefrorene Eis dann bis zu 20 Minuten antauen lassen. Eis aus Milch und Sahne schmeckt übrigens 6 bis 8 Wochen lang wie frisch gerührt. Wichtig ist, daß es kalt genug gelagert wird: bei -18 oder besser bei -20 bis -22 Grad.

●●●●●●●●●●●●●●●●●●●●●●●●●●●●●

Pistazienparfait mit Erdbeeren und Orangensahne

Ergibt 1 Liter Eis:
75 g Pistazienkerne
2 Orangen (unbehandelt)
abgeriebene Schale 1 Limette
$^1/_4$ l Milch
150 g Zucker
3 Eigelb (Gew.-Kl. 2)
$^3/_8$ l Schlagsahne
375 g Erdbeeren

1 El Pistazienkerne beiseite stellen, die restlichen mahlen. Eine Orange fein abreiben, 1 Tl Orangenschale, die Limettenschale und gemahlene Pistazien mit der Milch auf niedriger Stufe langsam heiß werden lassen. Den Zucker mit 100 ccm Wasser 5 bis 7 Minuten sprudelnd zum Faden kochen. Den Zuckersirup vom Herd nehmen. Eigelb mit den Quirlen des Handrührers auf höchster Stufe sehr schaumig rühren, dann nach und nach den heißen Sirup zugießen und so lange weiterschlagen, bis die Masse weiß und dick ist (etwa 5 Minuten). Die heiße Milch in dünnem Strahl zugießen und unterschlagen. Die Schüssel dann in ein Eiswasserbad stellen. Weiterschlagen bis die Masse ganz kalt ist. $^1/_4$ l Sahne sehr steif schlagen und unter die Masse heben. In eine Timbaleform oder in Portionsschalen füllen und mindestens 4 Stunden durchfrieren lassen. Nach 1 Stunde Gefrierzeit mit dem Schneebesen einmal durchrühren, damit sich nichts absetzen kann.
Von der zweiten Orange etwa 5 cm Schale hauchdünn abschälen und in sehr feine Streifen schneiden, den Rest fein abreiben. Die Erdbeeren waschen, putzen und halbieren, mit dem Saft einer Orange beträufeln und durchziehen lassen. Die restliche Sahne steif schlagen, abgeriebene Orangenschale unterrühren und kalt stellen. Die beiseite gelegten Pistazienkerne hobeln oder blättrig schneiden.
Das Parfait vor dem Servieren leicht antauen lassen, mit gehobelten Pistazien und Orangenspänen garnieren.

Vorbereitungszeit: 45 Minuten
Kühlzeit: mindestens 4 Stunden
Pro Portion (bei 4 Portionen) etwa 12 g Eiweiß, 46 g Fett, 63 g Kohlenhydrate = 3065 Joule (733 Kalorien)

Unser Tip: Zucker zum Faden kochen: Wenn man einen Tropfen des Sirups auf eine kalte Untertasse fallen läßt, muß er eine Kugel bilden. Wenn man mit dem Zeigefinger in die Kugel stippt und Daumen und Zeigefinger zusammenpreßt, muß beim Auseinanderziehen der Finger ein Faden von mindestens 2 cm Länge entstehen. Anderenfalls länger kochen lassen.

Wackelpetereis

Für 16 Portionen:
je 2 Päckchen roter, grüner und gelber Wackelpeter
600 g Zucker
Eiswürfel von insgesamt 6-9 Eisschalen
1,5 kg Haushaltssalz

Den roten, grünen und gelben Wackelpeter mit jeweils einem Liter Wasser und 200 g Zucker verrühren. Zehn Minuten ausquellen lassen. Dann erhitzen, einmal aufkochen und abkühlen lassen. Für das Eis zerkleinerte Eiswürfel aus zwei bis drei Schalen mit 500 g Salz vermischen und in den äußeren Behälter der Eismaschine füllen. Den roten Wackelpeter in den Eisbereiter gießen und 12 bis 15 Minuten rühren. Dann in einen Spritzbeutel mit großer Sterntülle (Nr. 12) geben und auf 16 Gläser verteilen. Die Gläser kühl stellen. Das gelbe und grüne Eis ebenso zubereiten und in die Gläser spritzen. Entweder den Kühlschrank auf die höchste Stufe stellen und das Eis bis zum Servieren hineinstellen. Oder ins Gefriergerät stellen und dann drei Stunden vor dem Servieren im Kühlschrank antauen lassen.

Vorbereitungszeit: 15 Minuten (ohne Kühlzeit)
Rührzeit: 12-15 Minuten pro Eis
Pro Portion etwa 0 g Eiweiß, 0 g Fett, 46 g Kohlenhydrate = 757 Joule (181 Kalorien)

Unser Tip: Wer keine Eismaschine hat, füllt die drei Eismassen in Metallschüsseln und stellt sie für ungefähr zwei Stunden ins Gefriergerät. Die Massen werden dann alle 15 Minuten mit dem Schneebesen kräftig durchgeschlagen und zum Schluß mit dem Schneidstab des Handrührers aufgeschlagen.

Mohneis mit Marillensabayon

Für 4-6 Portionen:
Eis:
1/4 l Schlagsahne, 1/4 l Milch
40 g gemahlener Mohn
1 Vanilleschote, 1 El Honig
60 g Zucker oder
4 ml natreen-SÜSSE flüssig
6 Eigelb (Gew.-Kl. 2)
Himbeerpüree:
150 g tiefgekühlte Himbeeren
1 El Puderzucker oder
1 ml natreen-SÜSSE flüssig
evtl. etwas Himbeergeist
Sabayon:
4 Eigelb (Gew.-Kl. 2)
90 g Zucker oder 4 ml natreen-SÜSSE flüssig und 40 g Zucker
200 ccm Weißwein (trocken)
6 cl Marillenbrand (Aprikosengeist)

Zuerst das Eis herstellen. Dafür Sahne, Milch, Mohn, die aufgeschlitzte und ausgekratzte Vanilleschote, Honig und Zukker oder natreen in einem Topf gut verrühren und bei milder Hitze 5 Minuten kochen lassen. Dann Eigelb in einer Schüssel verquirlen, etwas von dem heißen Milch-Sahne-Gemisch unterrühren. In den Topf gießen und unter ständigem Rühren auf Stufe 2-3 der Automatikplatte bis „zur Rose" abziehen. (Die Creme muß dicklich werden und auf einem Löffelrücken stehen bleiben, wenn man sie anbläst).

Topf auf Eiswürfel stellen und die Creme unter Rühren abkühlen lassen. Dann in eine Eismaschine füllen und unter Rühren fest werden lassen. Oder die Masse ins Gefriergerät stellen und in ca. 6 Stunden fest werden lassen. Dabei mehrfach umrühren.

Für das Himbeerpüree die Himbeeren auftauen lassen und durch ein Sieb streichen. Mit Puderzucker oder natreen und evtl. mit etwas Himbeergeist abschmekken. Kalt stellen. 20 Minuten vor dem Servieren das Eis aus dem Gefriergerät nehmen, damit man es gut portionieren kann.

Unmittelbar vor dem Servieren den Sabayon zubereiten. Eigelb, Zucker oder natreen und 40 g Zucker, Wein und den Aprikosengeist in eine Metallschüssel geben, verrühren und auf dem Wasserbad schaumig cremig aufschlagen. Eis auf Portionsteller verteilen. Mit dem Sabayon umgießen, mit dem Himbeerpüree garnieren und sofort servieren.

Vorbereitungszeit: ca. 25 Minuten (ohne Kühlzeit)
Garzeit: 10 Minuten für den Sabayon
Pro Portion (bei 6 Portionen) etwa 4 g Eiweiß, 16 g Fett, 36 g Kohlenhydrate = 1735 Joule (414 Kalorien)
Kalorienersparnis durch natreen pro Portion (bei 6 Portionen): 351 Joule (84 Kalorien)

Unser Tip: Für Eis-Rezepte brauchen Sie ein Gerät, das die Eismasse beim Gefrieren rührt. Für Sorbets muß es eine kräftige Maschine sein: der Eisbereiter der elektrischen Küchenmaschine. Eis-Rezepte auf Milch- und Sahnebasis können Sie dagegen auch vom kleinen Eisbereiter im Eiswürfelfach des Kühlschrankes rühren lassen.

CHAMPAGNE
BRUT
AGRAPART & FILS
CRU
AVIZE

Vanilleparfait mit Erdbeeren und Portweinschaum

Für 4-6 Portionen:
Parfait:
1 Vanilleschote
1/8 l Schlagsahne
1 Prise Salz
4 Eigelb und 2 Eiweiß
(von Eiern Gew.-Kl. 2)
60 g Puderzucker
Füllung:
500 g Erdbeeren
4 cl Orangenlikör
Portweinschaum:
1/8 l Portwein
4 Eigelb (Gew.-Kl. 2)
1 Prise Salz

Eine Savarin- oder Reisrandform mit 3/4 l Fassungsvermögen ins Gefriergerät stellen. Die Vanilleschote aufschlitzen, das Mark herauskratzen und mit der Sahne und einer Prise Salz in einem Töpfchen erhitzen und aufkochen lassen. Die vier Eigelb zusammen mit 30 g Puderzucker mit den Quirlen des Handrührers schaumig rühren. Unter ständigem Weiterrühren die heiße Sahne dazugießen, dann weiterrühren bis die Masse kalt ist. Zwei Eiweiß mit dem restlichen Puderzucker zu sehr steifem Schnee schlagen und unter die Eigelbmasse heben. In den vorgekühlten Ring füllen und für mindestens 5 Stunden ins Gefriergerät stellen.

Inzwischen die Erdbeeren waschen, abzupfen und eventuell halbieren, mit Orangenlikör begießen und zugedeckt beiseite stellen. Den zum Servieren vorgesehenen Teller ins Gefriergerät legen. Kurz vor dem Servieren den Portwein mit vier Eigelb und der Prise Salz im heißen Wasserbad mit den Quirlen des Handrührers in 6 bis 8 Minuten zu einem cremigen Schaum aufschlagen. Die Reisrandform mit dem Eis kurz in lauwarmes Wasser stellen, dann mit einem kleinen Messer innen und außen zwischen Eis und Form entlangfahren und den Eisring auf die vorgekühlte Platte stürzen. Die Erdbeeren in die Mitte füllen und mit dem Portweinschaum übergießen.

Vorbereitungszeit: 35 Minuten
Kühlzeit: mindestens 5 Stunden
Pro Portion (bei 4 Portionen) etwa 10 g Eiweiß, 22 g Fett, 30 g Kohlenhydrate = 1862 Joule (445 Kalorien)

Eisbombe Sicilia

Ergibt 12-15 Portionen:

Cassata-Eis:
150 g gemischte kandierte Früchte
4 El Maraschino
1 Eiweiß, 50 g Puderzucker
¼ l Schlagsahne
1-2 Tropfen Bittermandel-Aroma

Orangen-Eis:
¼ l Orangensaft (frisch gepreßt)
60 g Puderzucker oder
4 ml natreen-SÜSSE flüssig
1 El Orangenlikör
⅛ l Schlagsahne

Schokoladen-Eis:
½ l Milch, 1 Vanilleschote
3 Eigelb, 125 g Zucker oder
6 ml natreen-SÜSSE flüssig und 40 g Zucker
100 g bittere Schokoladenkuvertüre
1 Prise Salz
1 Tl Pulverkaffee
¼ l Schlagsahne
50 g Borkenschokolade

Außerdem:
¼ Schlagsahne
Blockschokolade zum Garnieren

Für das Cassata-Eis:
Kandierte Früchte klein würfeln, mit dem Maraschino begießen, zudecken und über Nacht durchziehen lassen. Am nächsten Tag Eiweiß und Puderzucker in einem kleinen Topf mit den Quirlen des Handrührers bei milder Hitze so lange schlagen, bis die Masse schnittfest ist und glänzt. Den Topf in kaltes Wasser stellen und so lange weiterschlagen, bis der Inhalt ganz erkaltet ist. Die Sahne sehr steif schlagen, die Eiweiß-Masse und die kandierten Früchte unterheben, mit Bittermandel-Aroma würzen. Die Masse in eine Form füllen und gefrieren lassen. Auf keinen Fall rühren.

Fortsetzung auf Seite 284

Für das Orangeneis:
Orangensaft mit dem Puderzucker oder natreen verrühren, den Orangenlikör dazugeben, gut durchkühlen lassen. Die Masse im Eisbereiter gefrieren lassen. Nach der halben Rührzeit die Sahne dazugießen, dann weiterrühren lassen. Das fertige Eis im Gefriergerät noch etwas fester werden lassen.
Für das Schokoladeneis:
Die Milch mit der längs aufgeschnittenen, ausgekratzten Vanilleschote und dem Vanillemark langsam zum Kochen bringen. Inzwischen Eigelb mit Zucker oder natreen und 40 g Zucker schaumig rühren. Die Schote aus der Milch nehmen, die heiße Milch bis auf einen Rest unter die Eigelb-Masse rühren. In der restlichen Milch die Kuvertüre auflösen, die Prise Salz und den Pulverkaffee unterrühren. Auch die Kuvertüre zur Eigelb-Masse geben, alles wieder auf die Kochstelle geben und so lange schlagen, bis die Masse cremig und kurz vor dem Kochen ist. Die Masse unter Rühren abkühlen lassen, dann die flüssige Sahne untermischen. Erst im Kühlschrank durchkühlen, dann in die Eismaschine geben. Unter Rühren fest werden lassen. Die Borkenschokolade etwas zerbröckeln und zum Schluß noch untermischen. Die Eisbomben-Form (2 l Inhalt) im Gefriergerät gut durchkühlen lassen. Aus dem Schokoladen-Eis einen Mantel hineinstreichen, 15 Minuten anfrieren lassen, dann die Form noch einmal zum Rand hin rundum mit Schokoladen-Eis ausstreichen, falls die Masse nach unten gerutscht ist. Auf das Schokoladen-Eis eine Schicht Cassata streichen, wieder 15 Minuten anfrieren lassen. In die verbliebene Höhlung Orangen-Eis streichen und die Form mit dem Deckel verschließen, das Eis über Nacht im Gefriergerät durchfrieren lassen. Am nächsten Tag die Sahne steif schlagen, von der Blockschokolade auf Pergamentpapier mit dem Sparschäler große Locken abhobeln. Die Eisbombenform umgedreht kurz unter kaltes Wasser halten, dann den Deckel abnehmen und das Eis stürzen. Die Bombe rundum mit Sahne bestreichen und mit den Schokoladenraspeln verzieren.

Vorbereitungszeit: 1 Stunde, 20 Minuten
Gefrierzeit: mindestens 4-5 Stunden
Pro Portion (bei 15 Portionen) etwa 12 g Eiweiß, 17 g Fett, 28 g Kohlenhydrate = 1384 Joule (334 Kalorien)
Kalorienersparnis durch natreen pro Portion (bei 15 Portionen): 163 Joule (39 Kalorien)

●●●●●●●●●●●●●●●●●●●●●●●●●●●●●

Unser Tip: Je besser man den Eis-Ansatz kühlt, desto kürzer ist die Gefrierzeit und je kürzer ist die Rührzeit in der Eismaschine.

●●●●●●●●●●●●●●●●●●●●●●●●●●●●●

REZEPTVERZEICHNIS

A

B

C

D

E

N

O

P

Q

R

N

O

P

Q

R

S

T

V

W

Z